U0082982

ALL 30天
PASS 通過就業服務技術士
就業服務、勞工社保與職涯輔導要點
(第二版)

快速掌握要點 勞動法令+就服法令+職涯輔導要點+模擬考題+考題解析
表格歸納+摘錄新頒法規與考題解析
修訂法規考題 社保就業津貼給付補助+職涯輔導顧問

賀冠群 著

作者序

　　國內外人力資源職缺及人力仲介服務、人力銀行、獵人頭公司、企業人才招募暨職涯輔導需求與日俱增。尤其在長期照護人力需求增高、求職競爭與畢業生徬徨之際，考取就業服務技術士考試不僅可以取得人資專業證照，更可以在就業上更具優勢，也更能擁有輔導職涯就業及協助提供津貼資訊的助人實力。

　　作者為了協助考生在30天迅速掌握就業服務技術士考試要點，依據實際參與準備考試經驗，系統化編製考試要點與考情須知並隨附模擬考題，方便朋友們輕鬆通過就業服務技術士考試。

　　另外，就業服務考試內容除了可幫助考生們了解各項津貼與訓練補助、退休年金制度與勞保法規、就業保險法規、職災保險法、就業服務法規外；還可以進一步瞭解職涯輔導要點、職涯心理測驗與心理學觀點，實為一舉數得之利己利人實用知識。

　　最後，本書作者雖費心耗時編寫歸納內容，然而就業服務、勞工社保與職涯輔導領域廣泛且學派多元，實務理論、翻譯及解答見解亦有不同；若有疏漏錯誤，敬請鈞長及讀者朋友指正見諒！

目錄

第一章 就服考試資訊與考試重點

第一節 考試資訊與考取效益
第二節 及格率、考試重點與答題技巧

1. 主要的考試範圍？
2. 主要的考試題型與答題技巧？
3. 及格標準？及格比率？
4. 考取後效益？
5. 必考重點？

第一章 就服考試資訊與考試重點

第一節 考試資訊與考取效益

一、主辦機構與頻率：
1. 主辦機構為勞動部勞動力發展署。
2. 頻率：近年每年舉辦三次考試。

二、考試題型：
1. 學科測驗(測驗時間 100 分鐘)：單選 60 題，每題 1 分；複選 20 題，每題 2 分。共計 100 分，60 分及格。
2. 術科測驗(測驗時間 120 分鐘)：問答題約 6~10 題，滿分 100 分，60 分及格。

三、考取後效益
1. 取得乙級技術士執照：可投入人力資源部門、人力仲介、人力銀行、獵人頭公司、國外勞工管理、就業服務與就業輔導員之行列。
2. 證照加分，錄取加分：增加未來第二專長或提早為下一階段職涯規劃預作準備。例如：許多推廣教育中心或學校學會組織要求須有乙級證照才能符合資格加入講師或顧問行列。
3. 助人又利己：進一步提升退休金與勞動法規、就業保險法規、就業服務法規、職涯理論與輔導等專業，有助於了解津貼補助等規範。

四、考試範圍概況：
1. 就業服務、勞工權益及勞工社保法規要點(考試比重約 6 成)

✧ **就業服務法及相關規定(核心重點)**
✧ **職業災害保險及保護法(必考重點)：111/5 實施**
✧ **就業保險法及相關津貼(必考重點)**
✧ <u>勞動基準法 (必考)</u>
✧ <u>勞工保險條例(必考)</u>
✧ 性別工作平等法(重點)
✧ 身心障礙者權益保障法(重點)
✧ 勞工退休金條例
✧ 其他法規：勞資爭議處理法、大量解僱勞工保護法、個人資料保護法等。

2.招募相關專業或技巧要點(核心重點)
✧ 就業市場概況及行業職業分析
✧ 就業媒合面談技巧
✧ 津貼領取及面試輔導
✧ 人際溝通與就業輔導相關

3.職涯諮詢輔導要點(核心重點)
✧ 職業心理測驗與專長
✧ 職涯諮商專業與技巧

第二節 及格率、考試重點與答題技巧

一、學科考試重點與答題技巧(學科：單複選題)

1. 就業服務法規、勞動法規與社保、性別工作平等法、就業保險法規、職涯理論與測驗要點，當然是本考試的重點。
2. 答題技巧：違反就業公平及性別平等、違反誠實信用與職業倫理道德、損及客戶權益等情況，則是錯誤的選項。
3. 留意與數值相關問題：選擇題最喜歡考與數值有關的題目。

4. 善用刪去法及歸納分類法：刪除不合理答案或無關答案後，針對合理答案進行選擇。

5. 多做模擬考題：模擬考題或考古題出現機率不低。

6. 其他：務必留意新頒規定或修訂後規定。

小叮嚀：

● 請考生自行前往技術士考試歷屆試題與選擇題網頁下載最新版選擇題題庫與解答：

https：//techbank.wdasec.gov.tw/owInform/PastQuestions.aspx

● 問答題只有考題，並無解答，也沒有考試題庫。

二、術科考試重點與答題技巧
(術科題型：簡答題、問答題)

1. 大題大答、小題小答，切忌小題大作、大題小作：
   10 分的問答題，一定要比 2 分的簡答題回答內容更完整。同樣的道理，千萬別將 2 分簡答題，以 5 分的問答題或 10 分的申論題內容應答，否則只是浪費時間。

2. 分項逐一列舉答題且有條理地摘要重點答題：
   別忘了每個問項依序回答，而且一定要切入核心且有條理地針對重點答題！另外，建議以逐項列舉方式答題，相對而言，比較方便閱卷老師批閱分數，也可以避免漏寫或批閱疏忽，而造成分數落差。

3. 務必掌握術科考試重點與考試範圍：
   ◇ **就業服務相關法規(核心重點)**：請自行上網列印就業服務法及相關子法，考試前記得整份法規務必熟讀。
   ◇ **職涯諮詢輔導個案與職涯測驗個案或規範(核心重點)**
   ◇ *就業保險法及相關子法(重要)*
   ◇ *勞動基準法及性別工作平等法(重要)*
   ◇ *職業災害保險及保護法(重要)*

✧ 勞工保險條例 (重點)
✧ 身心障礙者權益保障法(重點)
✧ 勞工退休金條例
✧ 其他：個人資料保護法、勞資爭議處理法、
　勞動統計與經濟指標。

4.其他：
✧ 答題內容盡量列舉式撰寫，千萬不要空白。
✧ 避免長篇大論、卻未能切入核心重點。
✧ 減少錯別字、簡體字或自行造字。

三、歷屆報考人數與及格率統計

　　近年每年就業服務技術士的報考人數大約 4,200~7,800
人，實際到考人數約七成上下。及格率若以報考人數計
算，約為 8.7%~19%；及格率若以到考人數計算，及格率
約 12%~26%。建議考生們報考前需要充電衝刺一下，可
別浪費報名費喔。

近年報考人數與及格率統計

年度	報檢數	到檢數	合格數	及格率1	及格率2
107	6,079	4,347	1,023	16.8%	23.5%
108	6,355	4,538	552	8.7%	12.2%
109	6,234	4,507	1,186	19.0%	26.3%
110	4,283	2,927	477	11.1%	16.3%
111	7,766	5,366	1,239	16.0%	23.1%

*及格率1：及格人數/報考人數
**及格率2：及格人數/到考人數
資料來源：依據勞動部網站統計數據編製

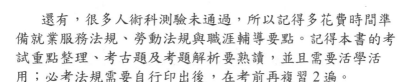

　　還有，很多人術科測驗未通過，所以記得多花費時間準備就業服務法規、勞動法規與職涯輔導要點。記得本書的考試重點整理、考古題及考題解析要熟讀，並且需要活學活用；必考法規需要自行印出後，在考前再複習2遍。

✈　**就業服務相關法規與津貼(核心重點)**

✈　**職涯諮詢輔導個案與職涯測驗個案或規範(核心重點)**

✈　職業災害保險及保護法(重要)

✈　就業保險法及相關子法(重要)

✈　勞動基準法、勞保及性別工作平等法(重要)

第二章 勞工保險與職災保險法要點

第一節 勞保普通事故與職災保險法給付要點
第二節 勞保與職災保險法傷病給付請領要點
第三節 失能年金或失能一次給付請領要點
第四節 遺屬年金與喪葬給付請領要點
第五節 職災其他津貼或未加保勞工保障
第六節 考試要點與模擬考題

- 我生小孩了，可以請領多少生育給付？
- 我生病了，可以請領多少傷病給付？
- 第幾天開始領傷病給付？
- 傷病給付多久領一次？
- 職災保險專法，保障內容有何差異？
- 除了保險給付外，還有哪些津貼可領取？
- 三種年金可以同時領取嗎？

12

第二章 勞工保險與職災保險法要點

第一節 勞保普通事故與職災保險法給付要點

一、勞工保險投保薪資

　　年滿 15 歲以上，65 歲以下之勞工，應以其雇主或所屬團體或所屬機構為投保單位，參加勞工保險。勞工保險承保的普通事故，包含**老年、生育**、傷病、失能、身故等人身事故。

　　職業災害保險及保護法(簡稱職災保險法)則承保執行職務或上下班途中所造成的職業傷害或職業病，包含傷病、失能、身故、**醫療服務、照護津貼、失蹤津貼**等各項給付。相關給付要點列舉如下：

1. 勞保投保薪資級距：依照勞工保險投保薪資分級表之投保金額投保。
   - 專職勞工：112 年最低投保薪資調整為 26,400 元，最高投保薪資為 45,800 元。
   - 兼職勞工：最低投保薪資可以較低，最低為 11,100。
   - 依身心障礙者權益保障法規定之庇護性就業身心障礙者被保險人之薪資報酬未達基本工資者，其月投保薪資最低為 6,000 元。
   - 事故發生時，未來依照平均投保薪資給付各項勞工保險給付。勞工同時受僱於 2 個以上的投保單位時，若連續加保勞工保險超過 30 日，可以合併計算投保薪資，但最高以 45,800 為限。
2. 職災保險法：投保薪資最高為 72,800 元。職災保險法針對未承保勞工也提供部分津貼並提供相關職災預防與輔具補助。

二、勞工保險與職業災害保險之保費負擔比例

1.有一定雇主的勞工：

(1)勞保普通事故保費：雇主負擔 70%；勞工負擔 20%；
政府負擔 10%。**勞工保險（普通事故）保險費率 112 年
為 11%，加計就業保險費率 1%，共計 12%。**

(2)職業災害保險保費：100% 由雇主負擔保費。

　　職業災害保險保險費率分為行業別災害費率及上、
下班災害費率。行業別災害費率隨產業職災風險高低而
制定差別費率，例如：建築工程業的費率為 0.51%、金
融保險業及教育機構的費率為 0.04%。

　　上、下班災害費率，各產業之費率都相同，並未有
差別，皆為 0.07% 的費率。另外，為獎懲中大型企業強
化災害控制、災害預防與抑制，針對僱用員工達 70 人以
上之投保單位，該企業的保險費率隨過去三年的理賠率
(實績率)調整。

2.無一定雇主或自營作業而參加職業工會勞工：

(1)勞保普通事故保費：勞工負擔 60%；政府負擔 40%。

(2)職業災害保險保費：勞工負擔 60%；政府負擔 40%。

小叮嚀：

● 欠繳勞保保險費仍可領取保險給付，但需補繳或扣除欠
繳保費與滯納金。滯納金每日依照應繳保費金額加徵
0.1%，最高金額為應繳納保費金額之 20%。

- 被保險人應有實際從事工作事實，企業組織並有人事薪資證明，才具有勞保投保身分，也才具有被保險人資格，並享有勞保保障[1]。
- 被保險人領取勞保老年給付或公教人員保險老年給付後，仍然繼續受僱工作，可以繼續投保職業災害保險。
- 勞工保險、職業災害保險、就業保險、勞退金與國民年金保險的投保作業，一併由勞保局辦理。
- 依勞工保險條例，以詐欺或其他不正當行為請領保險給付，除處 2 倍罰鍰外，並應受損害賠償請求與負擔刑事責任。
- 被保險人請領老年給付、死亡給付、完全失能給付或累積失能給付達第 1 級(1,200 日)，勞工保險契約效力終止。

三、勞工保險平均月投保薪資之計算方式

1.年金給付及老年一次給付：包含遺屬年金、老年年金、(全部)失能年金與老年一次給付等。

(1)依照被保險人加保期間最高六十個月的月投保薪資平均計算。

(2)參加保險未滿五年者，依照實際投保期間內的月投保薪資平均計算。

(3)擁有勞保舊制年資(98 年前已投保勞保勞工)：依照退保(申領給付)當月起算前三年的月投保薪資平均計算。

2.其他現金給付及一次給付項目：包含傷病給付、失能或死亡給付、生育給付、喪葬給付。

---

[1]勞保為職業保險，而非國民保險；部分民眾未實際從事工作，卻透過機構或組織工會(公會)投保，可能因此被勞保局拒絕支付各項給付並且無法返還所繳保費。

(1)按被保險人發生保險事故之前六個月平均月投保薪資計算[2]。

(2)以日為給付單位的項目，例如：生育給付、傷病給付或部分失能給付，以平均月投保薪資除以三十計算。

四、勞工保險與職業災害保險法給付項目

1.勞保普通事故保險給付項目：<u>生育</u>、<u>老年</u>、傷病、失能及死亡等給付；包含老年給付、生育給付、傷病給付、失能年金或失能一次給付、遺屬年金或遺屬一次給付、喪葬給付等。

2.職業災害保險法給付項目：傷病、失能、死亡等事故；包含傷病給付、<u>醫療給付</u>、失能年金或失能一次給付、遺屬年金或遺屬一次給付、喪葬給付、失蹤給付、照護補助等。

五、勞工保險給付通則

1.<u>基於不重複保障原則並避免浪費資源，被保險人或其受益人符合失能年金、老年年金或遺屬年金條件時，應擇一請領。</u>

2.同一種保險給付，不得因同一事故而重複請領給付。例如本人喪葬給付與家屬喪葬給付不得重複請領，且限由一人請領。

3.擁有舊制年資，可擇優選擇請領一次給付或年金給付，但勞保局核付後就不得變更或反悔。

---

[2]自事故發生當月起算，亦即涵蓋事故當月起算六個月的平均投保薪資計算。

4.請領年金給付後，消費者物價指數累計成長率達正負百分之五時，給付金額依該成長率調整。

5.被保險人在保險效力有效期間發生保險事故者，被保險人或其受益人才能依規定請領保險給付；若已經退保或非保險有效期間內發生事故，就無法申領相關給付。

6.被保險人或受益人領取各種保險給付之權利，不得**讓與、抵銷、扣押或供擔保**。

> **背誦口訣：讓抵扣擔(讓弟扣單)**

7.勞工保險給付鼓勵採匯款方式，少數民眾也採支票支付。另外被保險人或受益人請領年金給付時，可在金融機構開立專戶，專供存入年金給付之用，以避免資金被扣押、擔保或強制執行。

8.**經勞保局核定後，保險給付應在 15 日內給付；**年金給付應於次月底前給付。如果勞保局逾期給付，應加計利息給被保險人或受益人。

六、勞保生育給付要點

1.女性被保險人分娩當月起，女性被保險人生育 1 位小孩，可請領 60 天的平均日投保薪資；女性被保險人生育雙胞胎，可請領 120 天的平均日投保薪資[3]。

2. 被保險人符合下列情形之一者，得請領生育給付：

(1)參加保險滿 280 日後分娩者。

---

[3]同一分娩或早產事故同時符合國民年金保險與相關社會保險生育給付或補助條件者，僅得擇一請領。被保險人經診斷為重度以上身心障礙且經評估無工作能力者，如同時符合相關社會保險請領規定，僅得擇一請領。

(2)參加保險滿 181 日後早產者。

*參加保險滿 84 日後流產者，全民健保實施後分娩費已取消給付。

小叮嚀：法條摘錄

勞保條例第 31 條：被保險人合於下列情形之一者，得請領生育給付：

一、參加保險滿二百八十日後分娩者。

二、參加保險滿一百八十一日後早產者。

三、參加保險滿八十四日後流產者。

被保險人之配偶分娩、早產或流產者，比照前項規定辦理。

勞保條例第 32 條 **生育給付標準，依下列各款辦理：**

一、被保險人或其配偶分娩或早產者，按被保險人平均投保薪資一次給與分娩費三十日，流產者減半給付。

二、被保險人分娩或早產者，除給與分娩費外，並按其平均投保薪資一次給與生育補助費六十日。

三、分娩或早產為雙生以上者，分娩費及生育補助費比例增給。

勞保條例第 76-1 條

本條例第二條、第三十一條、第三十二條及第三十九條至第五十二條有關生育給付分娩費及普通事故保險醫療給付部分，於全民健康保險施行後，停止適用。

第二節 勞保與職災保險法傷病給付請領要點

一、傷病給付請領要點

1. 勞保普通事故保險傷病給付依據被保險人的住院天數給付傷病給付；非住院治療期間或工作期間不能請領傷病給付。計算住院天數時，需要扣除前 3 天，從第 4 天開始計算；而且只能針對住院天數，每天給付 50%投保薪資，最多給付一年。

2. 職業災害保險法傷病事故包含勞工因為上下班途中車禍、在職場或公出發生意外事故或罹患職業病等各種情形。職業傷病給付依照「治療期間」給付日額津貼，包含門診治療期間與住院期間都能納入給付。前二個月每天可領取 100%的投保薪資，第 3 個月起每天可領取 70%的投保薪資；最長給付 2 年。另外，計算治療期間時，同樣需要扣除前 3 天，從第 4 天開始計算。

3. 領取傷病給付，必須同時符合以下三大要件：

(1) 不能工作：被保險人不能在傷病住院或治療期間，仍前往企業工作。

(2) 未能取得原有薪資：被保險人不能在傷病住院或治療期間，仍前往企業工作並取得原有薪資。

(3) 實際接受治療：勞保普通事故依據住院日數支付傷病給付；職業災害保險則依據住院治療與門診等持續治療期間支付傷病給付。

4. 請領傷病給付應備文件：必須填寫傷病給付申請書檢附傷病診斷書；診斷書由醫師填寫，並註明住院、門診期間與傷病症狀及處置。

5. 勞工傷病痊癒或傷勢復原後重返工作或已經終止治療，傷病給付支付至工作日之前一日。

6. 職災保險法包含醫療給付補助項目，可免繳交全民健康保險規定之部分負擔費用，並有住院膳食費用半數補助。

二、職災保險法照護補助要點

職災保險法除了傷病給付及醫療給付外，另提供住院治療的職災勞工照護補助。住院治療期間照護補助針對住院治療且得請領職業傷病給付之日起至出院止，**按日發給 1,200 元**。但若是入住具有加護或隔離性質之病房，則該期間不在補助範圍。

三、傷病給付請領要點

1. 勞工保險及職災保險與商業醫療保險不同，勞工保險給付不因既往症或帶病投保而不予給付。
2. 傷病給付按日計算，**得以 15 日為一期**，分批向勞保局申請。
3. 休養期間而未接受實際治療，就不能申請傷病給付。請領傷病給付的金額，採取日額給付，而非實支實付補償，所以給付金額與自付醫療費用金額或次數無關。
4. 勞工已退職且領取老年給付，未來罹患疾病或發生意外，不得再請領傷病給付等各項給付。但若屬於勞保有效期間內之疾病意外事故，仍得於期限內請領。
5. 領取傷病給付請求權，自得請領之日起，因 5 年不行使而消滅。
6. 被保險人發生保險事故，於其請領傷病給付或住院醫療給付未能領取薪資或喪失收入期間，得免繳被保險人負

擔部分之保險費；免繳保險費期間之年資可以累計計算。

7. 若被保險人已領滿 2 年的職災保險傷病給付，之後復原並恢復工作；一段時間後又發生職災事故，而且症狀或部位不同，仍得請領職災傷病給付。

8. 被保險人已取得原有薪資或報酬，不得請領傷病給付，但若被保險人請特休假、排休、彈性假、輪休假與補休，不視為已取得原有薪資或報酬，還是可以請領傷病給付[4]。

第三節 失能年金或失能一次給付請領要點

一、勞保普通事故的失能給付請領要點

被保險人由於意外傷害或疾病而導致殘廢失能事故，可區分為失去部分工作能力(部分失能)與終身無工作能力(完全失能)兩種情況。例如：因車禍、職業病、癌症、殘廢、洗腎或癱瘓而造成殘廢失能、肢體缺失或器官功能缺失等情況都涉及失能事故。

部分失能可申領一次失能給付，失能給付金額依照失能給付項目表給付。另外，若完全失能被保險人則可申領失能年金。失能年金給付或失能一次給付需要被保險人經過一段合理治療期間後才可以申請。合理治療期間因失能部位而有差異，約為半年~2 年[5]，而且需要治療後症狀穩定，經專科醫師診斷為永久失能或部分失能。

---

[4] 被保險人雖因傷病無法工作，但仍取得部分薪資或報酬，僅能請領部分傷病給付。
[5] 眼、耳、鼻、四肢之機能永久失能，並無合理治療期間，只載明治療後症狀穩定即可申領給付。

1.部分失能：依勞保失能給付標準表之失能等級及標準，
  一次給付失能補助費，區分為15級220項，第1級給付
  1,200天的日投保薪資；第15級給付30天的日投保薪
  資。

(1)同一種疾病，例如下背痛或軀幹失能，可以申請的失能
  給付有許多等級，端視個案嚴重程度而定。

(2)同一部位身體障害之定義：是否屬於同一部位的障害依
  照失能給付標準表的分類標準判定。例如：右手手指殘
  缺與左足足指殘缺屬於不同部位；右手上肢腕關節以上
  缺失與以下缺失，屬於同一部位殘廢障害。

(3)若符合勞保失能給付標準表之任何兩個項目以上者，則
  按照較高的失能等級給付。

2.完全失能(終身無工作能力)：

(1)可領取之每月失能年金金額＝平均月投保薪資×1.55%×年
  資（最低給付金額為4,000元）。

(2)眷屬補助：有符合資格的配偶或子女，每1人加發25
  ％，最多50％。

(3)如果被保險人在98年之前就已經參加勞工保險，符合終
  身無工作能力狀態時，除了請領失能年金外，也可以擇優
  選擇勞保的一次殘廢給付，得請領金額為1,200天的平均
  日投保薪資。

(4)失能給付表共約220項，需要失能給付標準表的失能狀
  態欄載明「終身無工作能力」的項目(共有20項)，才能
  申請失能年金；原則上其他200項的失能項目都只能請領
  一次失能給付(部分失能)，無法請領失能年金[6]。另外，經

---

[6]102年8月起經審定失能程度符合1~6級，並經個別化專業評估工作能
力減損達七成以上且無法從事工作者，也能請領失能年金。

審定失能程度規定等級，並經個別化專業評估工作能力減損達七成以上且無法從事工作者，也能請領失能年金。

(5)被保險人符合終身無工作能力，可領取失能年金，但勞保局隨即辦理退保，未來不得領取其他年金或保險給付[7]。

小分享：

● 　小莉的保險年資 20 年又 6 個多月，平均月投保薪資 32,000 元，若發生永久失能事故，請問每月可領取多少金額的失能年金？

32,000×(20+7/12)×1.55％ ＝10,208 元[8]

● 　小莉有未成年子女 2 人，保險年資 20 年又 6 個多月，平均月投保薪資 32,000 元，每月年金金額：

32,000×(20+7/12)×1.55％×(1＋25％×2)＝15,312 元

二、職災保險法的失能年金或失能一次給付

　　勞工因職災事故而失能，可依照失能嚴重程度領取失能一次給付或失能年金。分項列述於後：

1.部分失能：依失能給付標準表之失能等級及標準乘上 1.5 倍計算失能給付金額(**加計 50%請領**)。所以第 1 級給付 1,800 天的日投保薪資；第 15 級給付 45 天的日投保薪資。

---

[7]被保險人發生終身永久失能事故，請領失能年金後，若失能程度改善，失能年金就會停發，改依照較輕微的失能等級，給付失能一次給付。被保險人在 98 年以前就參加勞保，已領取失能年金後身故，遺屬除可領取遺屬年金外，也可以選擇一次請領失能給付，但須扣除已領的失能年金金額。

[8]各項年金給付金額計算前，月數比例計算至小數第二位，第三位四捨五入。例如：16.33333 年，以 16.33 計算。年金給付金額計算後以元為單位，元以下四捨五入為元。

2.失能年金：按其平均月投保薪資之70%（完全失能）、50%（嚴重失能）及20%（部分失能）發給。若勞工在98年以前已經參加勞工保險，發生失能時，也可以擇優選擇勞保舊制的一次失能給付，**一次領取1,800天的平均日投保薪資**(60個月)。

● **完全失能**：第1或2等級之失能項目，且該項目之失能狀態列有終身無工作能力。

● **嚴重失能**：第3等級之失能項目，且該項目之失能狀態列有終身無工作能力或者失能程度符合失能等級第1至9等級，並經個別化專業評估工作能力減損達70%以上。

● **部分失能**：符合失能等級第1至9等級，並經個別化專業評估，其工作能力減損達50%以上。

● **失能年金眷屬補助**：請領失能年金之被保險人，如同時有符合加發眷屬補助請領資格的配偶或子女時，依失能年金給付標準計算後金額每一人加發10%，最多加計20%。

3.照護補助：被保險人因職業傷病，經請領勞工職業災害保險失能給付，其失能程度符合勞工保險失能給付標準第1等級或第2等級之失能項目，且失能狀態列有終身無工作能力，可額外領取照護補助；**補助金額按月發給12,400元，最長以5年為限。**

小叮嚀：

- 勞保被保險人洗腎、職業性下背痛(骨刺)、罹患脊椎疾病、更換人工關節、因車禍撞斷牙齒、切除子宮或其他臟器、燒燙傷或臉上遺存疤痕等狀況，若符合失能標準並經醫療院所開具失能診斷書與給付申請書等文件，即可申請失能給付。
- 被保險人領取勞保或職保法失能年金給付後，勞保局至少每五年將會重新審核失能被保險人的失能程度。

第四節 遺屬年金與喪葬給付請領要點

一、勞保普通事故之遺屬年金請領要點

1. 被保險人身故，遺有「符合條件」的配偶、子女、父母、祖父母、受其撫養的子女或兄弟姊妹，可領取遺屬年金；領取標準與方式如下：

(1) 保險期間內身故，每月給付遺屬年金＝平均月投保薪資×1.55％×年資（最低給付金額為 3,000 元）。

(2) 已請領失能年金或老年年金，一段期間後死亡：依原領取之失能年金或老年年金金額的半數發給。

(3) 遺屬津貼加計：遺有符合資格的配偶子女等遺屬，合計 2 人可加發 25％，達 3 人加發 50％。

2. 如果被保險人在 98 年之前就已經參加勞工保險，發生身故事故時，可以擇優選擇遺屬一次給付 30 個月的平均月投保薪資。

溫馨小分享：
1.小輝在加保期間因為普通疾病死亡，遺有未成年兒子1人，保險年資25年又4個多月，平均月投保薪資33,000元。
● 每月遺屬年金金額＝33,000×(25.42)x1.55%x1.25＝16,253元
2.小輝退休後領取老年年金一陣子了，突然在70歲時因意外車禍死亡，遺有無工作能力配偶1人，請問他的遺屬可以改領多少金額的遺屬年金。
● 假設每月老年年金金額＝13,002元
● 改領每月遺屬年金金額＝13,002×50%＝6,501元

二、職災保險法之遺屬年金請領要點

被保險人因為職業傷病事故包含勞工因為上下班途中車禍、在職場或公出發生意外事故或罹患職業病等各種情形而身故，可領取職災保險法遺屬年金。領取金額如下：

1.遺屬年金：依據平均月投保薪資乘上50%請領遺屬年金。

2.如果被保險人在98年之前就已經參加勞工保險，發生職災身故事故時，可以擇優選擇遺屬一次給付，給付金額為40個月的平均投保薪資。

3.遺屬加計：同一順序遺屬有2人以上時，每多1人加發10%，至多加發20%。

小輝在加保期間因為職業傷病死亡，遺有未成年兒子1人，保險年資1年又4個多月，平均月投保薪資33,000元。
● 每月遺屬年金金額＝33,000×50%＝16,500元

三、遺屬年金給付請領要點

1. 萬一投保單位有歇業、破產或類似情形，被保險人、受益人或支出殯葬費者，可自行向勞保局申請相關給付，不須透過公司或公會申請。

2. 遺屬具有受領二個以上遺屬年金給付之資格時，應擇一請領。

3. 遺屬年金或遺屬一次給付的受領遺屬順序：

(1)配偶及子女

(2)父母

(3)祖父母

(4)受扶養之孫子女

(5)受扶養之兄弟姊妹

> **小叮嚀：未受扶養的孫子女或兄弟姊妹並非給付對象。**

---

4. 第 1 順序之遺屬全部不符合請領條件，或有下列情形之一且無同順序遺屬符合請領條件時，第 2 順序之遺屬得請領遺屬年金給付：

(1)在請領遺屬年金給付期間死亡。

(2)行蹤不明或於國外。

(3)提出放棄請領書。

(4)符合請領條件起一年內未提出請領者。

四、喪葬給付請領要點

勞保被保險人身故時，其家屬可請領被保險人喪葬給付或家屬之勞保眷屬死亡給付二者擇優領取。另外，被保

險人的勞工保險可能因為已經領取失能年金或老年年金等原因而終止或退保，因而無法領取喪葬給付，此時可由投保薪資較高的眷屬，以眷屬死亡給付方式申領給付。

(1)本人喪葬給付：被保險人的家屬可依據被保險人平均月投保薪資的 5 倍請領。被保險人之遺屬不符合請領遺屬年金給付或遺屬津貼條件，或無遺屬者，則按其平均月投保薪資一次發給 10 個月。

(2)眷屬死亡給付：

a.被保險人的父母或配偶身故：3 個月

b.被保險人的子女身故：若子女未滿 12 歲身故，給付 1.5 個月；子女年滿 12 歲身故，給付 2.5 個月。

小叮嚀：

1.遺屬年金的受益人，可以從提出請領日起追溯補發 5 年內得請領的年金給付金額。

2.被保險人已投保勞保多年，遺屬申請遺屬給付時可以擇優選擇遺屬年金或遺屬一次給付。若選擇遺屬一次給付，因普通事故身故共可請領 35 個月的遺屬一次給付(已加計 5 個月的喪葬給付)；因職業災害身故共可請領 45 個月的遺屬一次給付(已加計 5 個月的喪葬給付)。

第五節 職災其他津貼或未加保勞工保障

一、應投保但雇主未投保的受僱勞工也能獲得保障：

1. 受僱於勞工職業災害保險及保護法規定雇主之勞工，若投保單位未為受僱勞工申報參加職災保險，勞工如遭遇職業傷害或罹患職業病，仍得依規定請領職災醫療、傷病、失能、死亡或失蹤給付。

2. 投保薪資未依規定辦理投保期間之月投保薪資，按勞工月薪資總額對應勞工職業災害保險投保薪資分級表等級認定，但以不高於發生保險事故當時，保險人公告之最近一次職災保險統計年報之平均月投保薪資對應之等級為限。未提具相關薪資資料時，按投保薪資分級表第 1 等級計算。

二、非屬職災保險法範圍內勞工或自營作業者之職災補助：

1. 失能補助：勞工職業災害保險投保薪資分級表第一級月投保薪資除以 30，依勞工職業災害保險失能給付標準規定之失能等級給付日數一次發給。最高第 1 等級，給付日數 1,800 日，最低第 10 等級，給付日數 330 日。

2. **照護補助**：自申請之當月起，按月發給 12,400 元，最長以 3 年為限；**限符合勞保失能標準 1~2 級**。

3. **死亡補助**：按死亡時，勞工職業災害保險投保薪資分級表第一級月投保薪資計算，一次發給 45 個月。領取失能補助後，因同一職業傷病致死亡者，其遺屬僅得請領死亡補助扣除已領取失能補助金額之差額。

三、退保後罹患職業病人員

被保險人於參加職災保險期間，曾從事具「致癌性」或「致病潛伏期長」的特別危害作業，於退保後，經認可

醫療機構之職業醫學科專科醫師診斷罹患職業病,得申請醫療補助、失能津貼或死亡津貼。

四、職業安全衛生署提供職災勞工額外補助及服務[9]
已有職災保險法保障的勞工,仍可申請輔助設施補助。無職災保險法保障的人員,勞工或雇主可額外申請以下三項補助:

1.**輔助設施補助**(各縣市政府執行):每一職業災害勞工同一職業災害事故,補助總金額以新台幣 10 萬元為限。

2.**職能復健津貼**(各縣市政府執行):
● 依強化訓練完成證明所載強化訓練日數,發給日數最長以 180 日為限。
● 給付金額:(投保薪資分級表第一等級 x 60%) / 30

3.**事業單位僱用補助**(各縣市政府執行):
僱用其他事業單位符合「勞工職業災害保險及保護法」失能程度,且有工作能力之職業災害勞工,繼續僱用滿 6 個月者,得向直轄市、縣(市)主管機關申請僱用補助。
● 原事業單位僱用職業災害勞工:依職業災害勞工失能等級,每人每月依職業災害勞工復工之日起 6 個月內平均月投保薪資百分之 30%~50%發給。
● 新事業單位僱用職業災害勞工:依職業災害勞工失能等級,每人每月依勞工受僱之日起 6 個月內平均月投保薪資 50%~70%發給。
● 補助同一職業災害事故合計以 12 個月為限。

---

[9]原先的職業疾病生活津貼、身體障害生活津貼、職業訓練生活津貼、器具補助、看護補助、家屬補助已廢止;改為照護、失能或死亡補助。

第六節 考試要點與模擬考題

一、勞保條例考試要點

1. 普通事故之保險給付項目包含生育給付、老年給付、傷病給付、失能給付、死亡給付、喪葬給付等。

2. 勞工保險被保險人在勞保有效期間發生傷病事故，仍可在退保後一年內申請傷病給付。

3. 依據勞工保險條例，勞工或其利害關係人為了領取保險給付，故意造成保險事故，此時勞保局只須給付喪葬津貼，不需給付其他項目的給付或津貼。

4. 投保單位違反規定，未協助所屬勞工辦理勞工保險等社會保險者，應該就欠繳保險費總額處 4 倍罰鍰。

5. 依據勞工保險條例及職保法，勞工領取失能年金給付後，勞保局應該至少每 5 年審核勞工的失能程度是否改變。

6. 依據勞工保險條例，勞工在勞保有效期間內死亡，如果沒有任何遺屬符合請領遺屬年金或遺屬一次給付的資格要求，其他家屬(支付殯葬費者)可以依照 10 個月的平均月投保薪資請領喪葬津貼。

7. 280 天後分娩及超過 181 日後早產，都可以請領生育給付。若勞工保險被保險人在 84 天內流產，無法請領勞工保險生育給付。

8. **勞工保險條例第 9 條，被保險人有下列情形之一者，得繼續參加勞工保險：**
   - 應徵召服兵役者。
   - 派遣出國考察、研習或提供服務者。
   - 因傷病請假致留職停薪，普通傷病未超過一年，職業災害未超過二年者。
   - 在職勞工，年逾六十五歲繼續工作者。
   - 因案停職或被羈押，未經法院判決確定者。

9. 被保險人、受益人或支出殯葬費之人領取各種保險給付之權利，不得讓與、抵銷、扣押或供擔保。

10. 被保險人或受益人依勞保條例規定請領年金給付者，得檢具保險人出具之證明文件，於金融機構開立專戶，專供存入年金給付之用。專戶內之存款，不得作為抵銷、扣押、供擔保或強制執行之標的。

二、職災保險法相關

1. 舉重扭腰時由於不自然的動作造成扭筋扭腰的職業災害，是屬於不當動作的職業災害。

2. 職業災害還有不當設備、不當狀態、不當方針等原因所造成。

3. 醫療給付並非普通事故的保險給付項目，而是職災保險法的給付項目。

4. 依據職災保險及保護法規定，職災保險之主管機關及投資運用業務，依據勞保條例規定辦理。

5. 依據職災保險及保護法規定，領取保險給付之請求權，與勞保條例同為 5 年。

6. 職災保險之保險給付項目，不包含"生育給付"或"老年給付"。

7. 職災保險的保險人同樣為勞保局。

8. 依據職災保險及保護法規定，若有符合資格之眷屬，失能年金領取金額可以每人加發 10%，最高加發 20%。

9. 職災保險同勞工保險，請領失能年金時，同樣通常每 5 年需審核失能程度。

10. 各項現金給付同樣在 15 天內提出申請。

11. 職災保險給付的失蹤給付，給付金額為 70% 的平均投保薪資。

12. 依據職災保險及保護法規定,勞工遭遇職業傷病而產生失能或死亡,勞工或遺屬可申請遺屬給付或額外補助:照護補助、失能補助、遺屬給付或死亡補助等。

13. 依據職災保險及保護法規定,投保單位違反規定被處以罰鍰者,主管機關得公布違反條文及違反事實。

14. 依據職災保險及保護法規定,雇主或職災勞工可申請職災職能復健服務,包含職災工作分析及功能性評估。

15. 依據職災保險及保護法規定,被保險人申請職能復健津貼,最長為 180 日。

16. 依據職災保險及保護法規定,職業病之認定爭議由勞動部職業病鑑定。

17. 職業災害之相關疾病傷害文件之保有、處理及利用,須依據**個人資料保護法**辦理。

18. 職災保險同勞工保險,請領喪葬津貼、遺屬年金或遺屬一次給付時,僅能由一人領取。

19. 若有溢領年金給付,於接到書面通知後,30 日內須要歸還勞保局。

20. 依據職災保險及保護法規定,投保單位未於期限內繳納之保險費,得寬限 15 日。

21. 依據職災保險及保護法規定,若對於保險人勞保局核定之案件有爭議時,應自行政處分到達之翌日起,60 日內向主管機關申請審議。

22. 依據職災保險及保護法規定,職災保險資金僅能投資於國內債務證券、存款、票券及其他核准工具,同樣委由勞動基金運用局投資運用。

23. 身心障礙福利機構得依各目的事業主管機關相關法規規定辦理身心障礙者職業訓練、就業服務、庇護工場、早期療育、醫療復健及照護等業務。

24. 實務上,許多機構也自行設立職業重建單位,但須視個案之情況而定。

三、勞工社保罰則綜合比較表：

項目	職災保險*	勞保	就保
投保文件及員工薪資資料未至少保存5年	2~10萬	6千~1.8萬	-
月投保薪資以多報少、以少報多	2~10萬	4倍x保費	4倍x保費
投保單位或雇主未依規定辦理投保或退保或由員工負擔	2~10萬	(1) 4倍x保費 (2)要求員工自付保費：2倍	(1)10倍x保費 (2)要求員工自付保費：2倍
查核投保單位文件，投保單位有妨礙、規避或拒絕	5~30萬元	6千~1.8萬	1~5萬
未協助恢復工作、未預告終止勞動契約、未予普通傷病假、留停或公傷病假	5~30萬元	-	-
未依規定給付或依期限給付	30萬~150萬	-	-
以詐欺或不正當方式詐領醫療保險金	2倍x(領取的醫療費用)+民刑事賠償	2倍x(領取的醫療費用)+民刑事賠償	2倍x(領取的醫療費用)+民刑事賠償
勞工違規不參加保險	-	100~500元	1500~7500元

*主管機關裁處罰鍰，應審酌與違反行為有關之勞工人數、違反情節、累計違法次數或未依法給付之金額，為量罰輕重之標準。

四、模擬考題：

1. 依據勞保條例，被保險人符合下列哪些情形者，得請領生育給付？
   1. 滿 280 日後分娩
   2. 滿 181 日後早產
   3. 滿 84 日後流產
   4. 未滿 84 日內流產者

● 解答：1、2

*解答應為 1、2；因為分娩費已經不給付了。

2. 依據勞保條例，被保險人或其受益人對於那幾種年金給付應擇一請領？
   1. 老年年金
   2. 身心障礙年金
   3. 失能年金
   4. 遺屬年金
   5. 勞工退休年金

● 解答：1、3、4

*身心障礙年金為國民年金保險之給付項目。

3. 依據勞保條例，被保險人平均月投保薪資為 3 萬元，生育了雙胞胎，得請領生育給付多少金額？
   1. 6 萬
   2. 3 萬
   3. 12 萬
   4. 1.5 萬

● 解答：3

4. 依據職災保險及保護法規定，投保單位未於期限內繳納之保險費，得寬限幾日？

   1. 30日
   2. 15日
   3. 10日
   4. 5日

◉ 解答：2；只有寬限半個月。

5. 依據職災保險及保護法規定，若對於保險人勞保局核定之案件有爭議時，應自行政處分到達之翌日起，幾日內向主管機關申請審議？

   1. 30日
   2. 60日
   3. 90日
   4. 120日

◉ 解答：2；2個月。

第三章 勞基法與勞工退休制度要點

第一節 勞保年金給付規範要點
第二節 勞工退休金條例退休制度概要
第三節 勞基法舊制退休制度要點
第四節 勞基法制度要點
第五節 性別工作平等法及其他法規要點
第六節 考試要點與模擬考題

- 工作三年了，我有幾天特休假？
- 加班費怎麼算？
- 我被性騷擾，法院出庭可以請公假嗎？
- 那些情況會被強迫退休？
- 退休金可以領多少？公司有提撥退休金嗎？
- 每個月加班時數最高多少小時？
- 身心障礙求職被歧視，企業會被如何處罰？
- 勞工退休金或勞保年金幾歲可以開始領取？

第三章 勞基法與勞工退休制度要點

第一節 勞保年金給付規範要點

一、勞保年金給付規範要點

　　97 年 7 月 17 日勞工保險條例修訂案在立法院三讀通過，並自 98 年 1 月起實施，勞工保險正式邁向老年給付年金化。勞保年金給付具有以下幾項要點，列舉如下：

1. **年資不中斷**：被保險人退保後再參加保險時，其原有保險年資可以合併計算。

2. **年資持續累積**：被保險人投保年資可以持續累積。投保年資愈久，領取的老年年金給付金額愈高。

3. **老年給付請領資格為 60 歲~65 歲**：年金給付或一次給付併行；老年給付之請領年齡視勞保被保險人年齡而定，未來逐步提高至 65 歲才可以領取勞保老年年金。例如：在 112 年，適逢 63 歲時(49 年次(1950 年)出生)，可領取老年年金。
   - ◇ 保險年資<15 年：選擇一次領取
   - ◇ 保險年資≧15 年：選擇老年年金給付
   - ◇ 勞工保險條例年金新制(98 年)施行前已有年資，可以選擇一次給付或年金領取。

4. **老年年金給付金額計算**：依照投保期間**最高 60 個月**的月投保薪資計算；並按月領取老年年金給付；領取金額計算採擇優給付，最低每月 3,000 元：
   - ◇ 月投保薪資 x(0.775%)x 年資+3,000
   - ◇ 月投保薪資 x(1.55%)x 年資
   - ➢ 展延年金：每延後一年請領年金，年金給付額外增加 4%，最多額外增加 20%。
   - ➢ 減額年金：每提前一年請領年金，年金給付減少

4%，最多減少給付 20%。

5.**老年年金給付結合遺屬年金給付**：遺屬符合資格要求，被保險員工身故，遺屬可改領取遺屬年金，可擁有更週延的年金保障。

二、領取個案範例

1.小莉 47 年出生，勞保年資 20 年，平均投保薪資為 43,900。請問 61 歲起，每月可領取多少老年年金給付？

　A：43,900 x 0.775% x 20 + 3,000 = 9,805 元

　B：43,900 x 1.55% x 20 = 13,609 元

小叮嚀：

年資愈長，適宜選擇 B 式；就本範例試算，九年以下選擇 A 式較有利；年資九年以上(含)，選擇 B 式較有利。

2.小莉平均投保薪資為 43,900，預計延至 66 歲領取老年年金給付，預計年資為 25 年，請問 66 歲起每月可領取多少老年年金給付？

　A：43,900 x 0.775% x 25 + 3,000 =11,506 元

　B：43,900 x 1.55% x 25= 17,011 元

　展延年金：17,011 x (1+20%)=20,413 元

3.小莉平均投保薪資為 43,900，預計提早至 56 歲領取老年年金給付，預計年資為 15 年，請問 56 歲起每月可領取多少老年年金給付？

　A：43,900 x 0.775% x 15 + 3,000 =8,103 元

　B：43,900 x 1.55% x 15= 10,207 元

　減額年金：10,207 x (1-20%)=8,166 元

第二節 勞工退休金條例退休制度概要

　　台灣勞工退休金已在 94 年 7 月起，改良成退休金可持續累積的個人帳戶，屬於確定提撥制。勞工退休金區分為二種制度。其一為個人帳戶制，由勞動部勞動基金運用局負責基金管理，行政作業則由勞工保險局處理，監理機關為勞動部。其二則為年金保險制，由壽險公司經營，勞動部與金管會保險局共同監理。

一、勞工退休金制度個人帳戶制要點

　　台灣勞工退休金個人帳戶制由政府經營管理，雇主每月依據勞工工資提撥至少 6%；另外員工可以自願提繳，提撥比率 6% 以內可自當年度個人綜合所得中全數扣除。勞工退休基金由勞動基金運用局管理，收益率保證不低於二年定期存款利率。摘要列舉如下：

1.雇主負擔的提繳率不得低於勞工每月工資的 6%。

2.勞工自願提撥每月工資 6% 以內的金額，得自當年度個人綜合所得總額中扣除。

3.請領條件[10]：

(1)年滿 60 歲，年資 15 年以上，請領月退休金或一次退休金。

(2)年滿 60 歲，年資未滿 15 年，請領一次退休金。

4.**平均歷年收益率**低於二年定期存款利率者，其差額由國庫補足。

5.**基金管理：**勞動基金運用局得自行管理或委託金融機構管理。

---

[10]勞工未滿六十歲，其工作年資滿十五年以上者，得請領月退休金或一次退休金。但工作年資未滿十五年者，應請領一次退休金。

6. **提撥薪資級距：**112 年最低提撥薪資調整為 1,500 元，最高提撥薪資調整為 150,000 元。勞工退休金制度之提撥薪資比照勞基法之經常性工資。

7. **退休帳戶持續累積且年資不中斷：**被保險人之退休帳戶可以持續累積；資金累積愈多，未來領取的金額愈高；而且退休帳戶不因年資中斷或轉換工作而歸零。

8. **老年年金給付結合確定年金與延壽年金：**申領老年年金給付時，在平均餘命前透過確定年金方式領取老年給付；並需預扣部分金額，作為投保延壽年金之保費支出，以提供活得愈久領得愈多的終身生存年金保障[11]。

小叮嚀：依據勞工退休金條例之資遣費核發標準：勞工每滿 1 年年資發給 1/2 個月之平均工資；最高以發給 6 個月平均工資為限。

小叮嚀：勞工於請領退休金前死亡者，應由其遺屬或指定請領人請領一次退休金。

雇主違反規定，未按時提繳或繳足退休金者，自期限屆滿之次日起至完繳前 1 日止，每逾 1 日加徵其**應提繳金額 3%之滯納金**至應提繳金額之 1 倍為止。

二、勞工退休金制度年金保險制要點

　　年金保險制只開放員工數 200 人以上的大企業可以選擇企業年金保險制，員工數未達 200 人一律僅能選擇個人帳戶制。茲摘要列舉台灣年金保險制的相關規範如下：

---

[11] 勞工開始請領月退休金時，應一次提繳一定金額，投保年金保險，作為超過定平均餘命後之年金給付之用。

1.保單平均收益率不得低於二年定期存款利率：

　　給付標準與方式依年金保險契約規定，由壽險公司經營管理，並由勞動部與金管會保險局監理。

2.僅開放員工數 200 人以上大企業：

　　依據勞工退休金條例第 35 條第 1 項，企業實施年金保險必須符合員工數 200 人以上的企業且經工會或勞資會議同意後，得為以書面選擇投保年金保險之勞工，以投保年金保險商品方式提撥退休金[12]。

3.雇主負擔的提繳率不得低於勞工每月工資的 6%。

4.請領條件：依據年金保險實施辦法等規範

- 勞工年滿 60 歲，<u>工作年資未滿 15 年</u>，請領一次退休金。

- 年金保險契約應約定，勞工年滿 60 歲，工作年資滿 15 年以上，**請領月退休金或一次退休金**。

第三節 勞基法舊制退休制度要點

一、自請退休年齡與年資：

1.年資 25 年以上
2.年資 15 年以上，年齡滿 55 歲
3.年資 10 年以上，年齡滿 60 歲

小叮嚀：年資+年齡=70

---

[12]事業單位僱用勞工人數二百人以上，經工會同意，或無工會者，經勞資會議同意後，得為以書面選擇投保年金保險之勞工，投保符合保險法規定之年金保險。

二、雇主要求勞工強制退休情況：
1.年滿 65 歲
2.身心障礙不堪勝任工作：例如執行職務導致心神喪失或身體殘廢(職災)。
3.對於擔任具有危險、堅強體力等特殊性質之工作者，得由事業單位報請中央主管機關予以調整；但不得少於 55 歲。

三、雇主每月提撥比率：2~~15%

四、舊制退休金之支付標準：
1.前 15 年每滿 1 年給予 2 個基數。
2.超過 15 年，每滿 1 年給予 1 個基數。
3.基數依據核准退休時 1 個月平均工資。
4.平均工資：退休當月起算前 6 個月平均工資。

五、最高基數(月數)：45 個月

小範例：
假設小莉退休前 6 個月平均工資為 10 萬元，30 年年資，預估可領取 450 萬元的勞基法退休金。
*實務上，年資超過 30 年，企業為留住資深員工主管，仍會持續計算退休基數，不會讓退休金基數停止於 45 個月。

六、保證最低收益率：
　　最低收益率不得低於當地銀行二年定期存款利率之收益；如有虧損，由國庫補足之。基金之收支、保管及運用辦法，由中央主管機關擬訂，報請行政院核定之。

七、時效期間：

1. 勞工請領退休金之權利，自退休之次月起，因 5 年間不
行使而消滅。

2. 請領職災相關補償之權利，因 2 年間不行使而消滅。

八、監督管理：

1. 主管機關：由直轄市或縣市政府勞工局管理；中央為勞動
部。

2. 基金操作管理；勞動部勞動基金運用局。

3. 勞工雇主監督：雇主所提撥勞工退休準備金，應由勞工與
雇主共同組織勞工退休準備金監督委員會監督。委員會中
勞工代表人數不得少於 2/3；其組織準則，由中央主管機
關訂定。

第四節 勞基法制度要點

　　勞動基準法是規定勞動條件的最低標準，因此企業雇
主制定的勞動福利條件應該優於或等於勞基法之各項規
定；摘列勞基法要點如後。

1. 勞工正常工作時間，每日不得超過八小時，每週不得超
過四十小時。

2. 前項正常工作時間，雇主經工會同意，如事業單位無工
會者，經勞資會議同意後，得將其二週內二日之正常工作
時數，分配於其他工作日或將八週內之正常工作時數加以
分配。

3. 其分配於其他工作日之時數，每日不得超過二小時。
每週工作總時數不得超過四十八小時。

就業服務、勞工社保與職涯輔導要點

一、資遣與退休

規範摘要	法源
雇主終止勞動契約(資遣)之預告期間： 1. 3 個月~1 年：10 日前 2. 1 年~3 年：20 日前 3. ≧3 年：30 日前 ◇ 求職假：為另謀工作可請假外出，每週最多 2 日，請假期間工資照給。	勞基法 16 條
資遣費： 1. 勞基法舊制： ◇ 每滿 1 年發給 1 個月。 ◇ 剩餘月數或未滿 1 年，以比例計算。 ◇ 未滿 1 個月者以 1 個月計。 2. 勞退新制：每滿 1 年發給半個月，最高以 6 個月為限。	勞基法 17 條/勞退條例
勞工自請退休： 1. 15 年以上，年滿 55 歲 2. 10 年以上，年滿 60 歲 3. 25 年以上	勞基法 53 條
雇主要求勞工強制退休： 1. 年滿 65 歲 2. 身心障礙不堪勝任工作 3. 對於危險或堅強體力性質勞工，得在 55 歲~65 歲強制勞工退休，但須報請勞動部許可	勞基法 54 條
童工工作限制： 1. 童工：15 歲以上未滿 16 歲。 2. 童工不得於午後八時至翌晨六時之時間內工作。 3. 15~18 歲勞工，不得從事危險性或有害性之工作。	勞基法 44 條~48 條

二、休假相關

規範摘要	法源
特別休假 1. ≧半年：3 日 2. 1-2 年：7 日 3. 2-3 年：10 日 4. 3-5 年：14 日 5. 5-10 年：15 日 6. 10 年以上：每 1 年加 1 日 7. 最高：30 日	勞基法 38 條
分娩或流產之產假及工資 1. 女性勞工分娩前後，應停止工作，給予產假八星期。 2. 妊娠(懷孕)三個月以上流產者，應停止工作，給予產假四星期。 3. 女性勞工受僱工作在六個月以上者，停止工作期間工資照給；未滿六個月者減半發給。 4. 女性勞工懷孕期間，如有較為輕易之工作，得申請改調，雇主不得拒絕，並不得減少其工資。	勞基法 50 及 51 條
● 哺(集)乳時間每天 2 次 1. 子女未滿 1 歲須女工親自哺乳者，雇主應每日額外給予哺乳時間 2 次，每次以 30 分鐘為度。 2. 哺(集)乳時間，視為工作時間，工資照給。	勞基法 52 條

三、加班相關與離職限制

規範摘要	法源
雇主延長勞工工作時間者，其延長工作時間之工資，依下列標準加給： 1.延長工作時間在二小時以內：按平日每小時工資額加給三分之一以上。 2.再延長工作時間在二小時以內：按平日每小時工資額加給三分之二以上。 3.因天災、事變或突發事件：延長工作時間按平日每小時工資額加倍發給。 4.休息日工作：工作時間在二小時以內，其工資按平日每小時工資額另再加給一又三分之一以上；工作二小時後再繼續工作者，按平日每小時工資額另再加給一又三分之二以上。	勞基法24條
不得強制加班情形：勞工因健康或其他正當理由，不能接受正常工作時間以外之工作者，雇主不得強制其工作。	勞基法42條
● 未符合下列規定者，雇主不得與勞工為離職後競業禁止之約定： 1.雇主有應受保護之正當營業利益。 2.勞工擔任之職位或職務，能接觸或使用雇主之營業秘密。 3.競業禁止之期間、區域、職業活動之範圍及就業對象，未逾合理範疇。 4.雇主對勞工因不從事競業行為所受損失有合理補償。 ● 離職後競業禁止的期間，最長不得超過2年。	勞基法9-1條

四、監理、檢查、申訴、派遣：

規範摘要	法源
拒絕、規避或阻撓勞工檢查員依法執行職務者，處3萬元以上15萬元以下罰鍰。	勞基法80條
強制勞動之禁止 ● 雇主不得以強暴、脅迫、拘禁或其他非法之方法，強制勞工從事勞動。 ● 雇主違反規定，<u>處5年以下有期徒刑、拘役或科或併科75萬以下罰金。</u>	勞基法5條與75條
● 勞工發現事業單位違反勞基法及其他勞工法令規定時，得向雇主、主管機關或檢查機構申訴。 ● 雇主不得因勞工申訴，而予以解僱、降調、減薪、損害其依法令、契約或習慣上所應享有之權益，或其他不利之處分。 ● 主管機關或檢查機構於接獲申訴後，應為必要之調查，並於60日內將處理情形，以書面通知勞工。 ● 主管機關或檢查機構應對申訴人身分資料嚴守秘密，不得洩漏足以識別其身分之資訊。 ● 違反規定者，除公務員應依法追究刑事與行政責任外，對因此受有損害之勞工，應負損害賠償責任。	勞基法74條
● 要派單位不得於派遣事業單位與派遣勞工簽訂勞動契約前，有面試該派遣勞工或其他指定特定派遣勞工之行為。 ● 要派單位違反規定，且已受領派遣勞工勞務者，派遣勞工得於要派單位提供勞務之日起90	17-1條 63-1條 22-1條

日內，以書面向要派單位提出訂定勞動契約之意思表示。	
● 要派單位應自派遣勞工意思表示到達之日起 10 日內，與其協商訂定勞動契約。逾期未協商或協商不成立者，視為雙方自期滿翌日成立勞動契約，並以派遣勞工於要派單位工作期間之勞動條件為勞動契約內容。	
● 派遣事業單位及要派單位不得因派遣勞工提出意思表示，而予以解僱、降調、減薪、損害其依法令、契約或習慣上所應享有之權益，或其他不利之處分。	
● 派遣勞工與要派單位成立勞動契約者，其與派遣事業單位之勞動契約視為終止，且不負違反最低服務年限約定或返還訓練費用之責任。	17-1 條 63-1 條 22-1 條
● 派遣事業單位應依勞基法或勞工退休金條例規定之給付標準及期限，發給派遣勞工退休金或資遣費。	
● 要派單位使用派遣勞工發生職業災害時，要派單位應與派遣事業單位連帶負雇主應負職業災害補償之責任。	
● 職業災害依勞工保險條例或其他法令規定，已由要派單位或派遣事業單位支付費用補償者，得主張抵充。	
● 要派單位及派遣事業單位因違反勞基法或有關安全衛生規定，致派遣勞工發生職業災害時，應連帶負損害賠償之責任。	
● 派遣事業單位積欠派遣勞工工資，經主管機關處罰或依規定限期令其給付而屆期未給付者，派遣勞工得請求要派單位給付。要派單位應自派遣勞工請求之日起三十日內給付。	

第五節 性別工作平等法及其他法規要點

一、性別工作平等法規範要點

項目	法源
產假： 1.　分娩後，給予產假 8 週 2.　妊娠(懷孕)3 個月以上流產：4 週 3.　妊娠(懷孕)2-3 個月流產：1 週 4.　妊娠(懷孕)2 個月以內流產：5 日 **5.　產檢假：7 日** **6.　陪產假及陪產檢：7 日**	第 15 條
生理假 1.　每月給予 1 日。 2.　每年超過 3 日的生理假，併入病假計算。 3.　生理假期間薪資減半發給。	第 14 條
育嬰留職停薪 1.　任職滿半年，子女滿 3 歲前，得申請育嬰留職停薪，期間到子女滿 3 歲止，但最長以 2 年為限。 2.　原來由雇主負擔的保險費，免予繳納。 3.　勞工得繼續投保勞保與全民健保，需自行繳納保費。	第 16 條
育嬰留職停薪申請復職 　　受僱者於育嬰留職停薪期滿後，申請復職時，除有下列情形之一，雇主不得拒絕：	第 17 條

項目	法源
◉ 歇業、虧損或業務緊縮者。 ◉ 雇主依法變更組織、解散或轉讓者。 ◉ 不可抗力暫停工作在一個月以上者。 ◉ 業務性質變更，有減少受僱者之必要，又無適當工作可供安置者。 ● 未能復職，雇主應於 30 日前通知，可領取資遣費或退休金。	
1. 哺乳時間每天 2 次 2. 子女未滿 2 歲須女工親自哺乳者，雇主應每日額外給予哺乳(集乳)時間 60 分鐘。 3. 加班時間超過 1 小時，雇主應給予哺乳(集乳)時間 30 分鐘。	第 18 條
子女年幼之勞工申請工作時間之減少及調整 受僱於僱用 30 人以上雇主之受僱者，為撫育未滿 3 歲子女，得向雇主請求： ● **每天減少工作時間一小時；減少之工作時間，不得請求報酬。** ● **調整工作時間。**	第 19 條
100 人以上企業，應設置哺(集)乳室、托兒設施或適當之托兒措施	第 23 條

項目	法源
訂定性騷擾防治措施、申訴及懲戒辦法及公假 1. 雇主應防治性騷擾行為之發生。其僱用受僱者 30 人以上者，應訂定性騷擾防治措施、申訴及懲戒辦法，並在工作場所公開揭示。	第 13 條
2. 被害人因性騷擾情事致生法律訴訟，於受司法機關通知到庭期間，雇主應給予公假。	第 27 條
損害賠償請求權 **1. 損害賠償請求權，自請求權人知有損害及賠償義務人時起，2 年間不行使而消滅。** **2. 自有性騷擾行為或違反各該規定之行為時起，逾 10 年者，亦同。**	**第 30 條**
勞工之申訴權及保障 1. 勞工發現事業單位違反勞基法及其他勞工法令規定時，得向雇主、主管機關或檢查機構申訴。 2. 雇主不得因勞工申訴而予解僱、調職或其他不利之處分。	32 條與 36 條

二、性別工作平等法與跟蹤騷擾防制法比較

項目	性別工作平等法	跟蹤騷擾防制法
主管機關	勞動部、各縣市政府	內政部、各縣市政府
規範範圍	主要對於企業職場訂定 ● 性別歧視之禁止 ● 性騷擾之防治 ● 促進工作平等措施 自請求權人知有損害及賠償義務人時起，2年間不行使而消滅	◉ 對特定人之跟蹤騷擾行為(與性或性別有關) ◉ 對特定人之配偶、直系血親、同居親屬或與特定人社會生活關係密切之人
騷擾之定義、防治或保護方式	● 以性要求、具有性意味或性別歧視之言詞或行為，對其造成敵意性、脅迫性或冒犯性之工作環境 ● 為明示或暗示之性要求、具有性意味或性別歧視之言詞或行為 ● 雇主於知悉性騷擾之情形時，應採取立即有效之糾正及補救措施 ● 被害人於受司法機關通知到庭期間，雇主應給予公假。	● 以人員、車輛、工具、設備、電子通訊、網際網路或其他方法，對特定人反覆或持續為違反其意願且與性或性別有關行為，例如：監視、跟蹤、守候、尾隨、寄送貨品或要求約會等。 ● 行為人經警察機關為書面告誡後2年內，再為跟蹤騷擾行為者，被害人得向法院聲請保護令。

項目	性別工作平等法	跟蹤騷擾防制法
處罰	● 由雇主及行為人連帶負損害賠償責任。 ● 雇主應訂定申訴與懲戒規範。	● 實行跟蹤騷擾行為者，處一年以下有期徒刑、拘役或科或併科新臺幣十萬元以下罰金。 ● 攜帶凶器或其他危險物品者，處五年以下有期徒刑、拘役或科或併科新臺幣五十萬元以下罰金。

三、大量解僱勞工保護法規範要點

項目	法源
大量解僱勞工之定義： 1. 僱用勞工數<30 人：於 60 日內解僱勞工>10 人 2. 30~200 人：於 60 日內解僱勞工 1/3 或單日>20 人 3. 200~500 人：於 60 日內解僱勞工 1/4 或單日>50 人 4. >500 人：於 60 日內解僱勞工 1/5 或單日>80 人 5. 於 60 日內解僱勞工>200 人或單日>100 人	2 條
事業單位大量解僱勞工時，應於符合規定情形之日起 60 日前，將解僱計畫書通知主管機關及相關單位或人員，並公告揭示。但因天災、事變或突發事件，不受 60 日之限制。 ● 通知相關單位或人員之順序如下： 1.事業單位內涉及大量解僱部門勞工所屬之工會。 2.事業單位勞資會議之勞方代表。 3.事業單位內涉及大量解僱部門之勞工。	4 條
事業單位提出解僱計畫書之日起<u>10 日內</u>，自行協商	5 條
事業單位違反規定，未於期限前將解僱計畫書通知主管機關及相關單位或人員，並公告揭示者，處新台幣 10 萬元以上 50 萬元以下罰鍰，並限期令其通知或公告揭示；屆期未通知或公告揭示者，按日連續處罰至通知或公告揭示為止。	17 條

四、勞資爭議處理法規範要點

1. 勞資爭議：指權利事項及調整事項之勞資爭議。

2. 權利事項之勞資爭議：指勞資雙方當事人基於**法令、團體協約、勞動契約**之規定所為**權利義務**之爭議。

(1)權利事項之勞資爭議，依勞資爭議處理法所定之**調解、仲裁或裁決程序**處理。

(2)法院為審理權利事項之勞資爭議，必要時應設勞工法庭。

(3)權利事項之勞資爭議，勞方當事人提起訴訟或依仲裁法提起仲裁者，中央主管機關得給予適當扶助；其扶助業務，得委託民間團體辦理。

3. 調整事項之勞資爭議：指勞資雙方當事人對於**勞動條件主張**繼續維持或變更之爭議。

(1) 依勞資爭議處理法規定，權利事項之勞資爭議，不得罷工；只有調整事項之勞資爭議，始得罷工。

(2) 工會非經會員以直接、無記名投票且經全體過半數同意，不得宣告罷工及設置糾察線。

小叮嚀：
*調解：組成調解委員會並召開調解會議。
*仲裁：選定獨任仲裁人或仲裁委員會。
*裁決：得向中央主管機關申請裁決。

時事分享：

桃園機師工會於 108 年 2 月春節期間發動罷工。在冗長的談判過程後，在交通部協調下由勞資雙方簽訂團體協約落幕，協約及爭議內容主要涉及疲勞航班與本國機師升訓等調整事項爭議項目。

重要相關法條：勞資爭議處理法

➢ 爭議行為：指勞資爭議當事人為達成其主張，所為之罷工或其他阻礙事業正常運作及與之對抗之行為。

➢ 權利事項之勞資爭議，得依勞資爭議處理法所定之調解、仲裁或裁決程序處理之。法院為審理權利事項之勞資爭議，必要時應設勞工法庭。

➢ 調整事項之勞資爭議，依勞資爭議處理法所定之調解、仲裁程序處理之。

前項勞資爭議之勞方當事人，應為工會。但有下列情形者，亦得為勞方當事人：

1.未加入工會，而具有相同主張之勞工達十人以上。

2.受僱於僱用勞工未滿十人之事業單位，其未加入工會之勞工具有相同主張者達三分之二以上。

勞資爭議處理法第 8 條

勞資爭議在調解、仲裁或裁決期間，資方不得因該勞資爭議事件而歇業、停工、終止勞動契約或為其他不利於勞工之行為；勞方不得因該勞資爭議事件而罷工或為其他爭議行為。

勞資爭議處理法 第 43 條

● 中央主管機關為辦理裁決事件，應組成不當勞動行為裁決委員會（以下簡稱裁決委員會）。

● 裁決委員會應秉持公正立場，獨立行使職權。

● 裁決委員會置裁決委員七人至十五人，均為兼職，其中一人至三人為常務裁決委員，由中央主管機關遴聘熟悉勞工法令、勞資關係事務之專業人士任之，任期二年，並由委員互推一人為主任裁決委員。

● 中央主管機關應調派專任人員或聘用專業人員，承主任裁決委員之命，協助辦理裁決案件之程序審查、爭點整理及資料蒐集等事務。具專業證照執業資格者，經聘用之期間，計入其專業執業年資。

● 裁決委員會之組成、裁決委員之資格條件、遴聘方式、裁決委員會相關處理程序、前項人員之調派或遴聘及其他應遵行事項之辦法，由中央主管機關定之。

第六節 考試要點與模擬考題

一、考試要點

1. 依據勞基法規定，童工不得在晚上 8 點至凌晨 6 時工作。

2. 依據勞基法規定，勞工每 7 日應有 2 日休息，1 日為例假日、1 日為休息日。

3. 依據勞基法規定，員工出勤紀錄，至少保存 5 年。

4. 依據勞基法規定，因為職災造成心神喪失或身體失能不能勝任工作而被雇主強制退休的勞工，雇主應增給 20% 的勞工退休金。

5. 僱用員工超過 30 人以上的企業，其工作規則需先報請主管機關核備後方才公布實施。

6. 依據勞退條例，雇主應每月至少為勞工提撥工資之 6%

7. 企業成立勞工退休準備金監督委員會，勞工人數比例不得低於 2/3。

8. 女性受僱勞工工作未滿半年，產假期間的工資減半支付。超過半年則依照正常工資支付。

9. 勞基法勞工退休金給付標準最高給予基數為 45 個月 (基數)。

10. 勞基法勞工請領退休金之權利，自退休之次月起經 5 年不行使而消滅。

11. 選擇勞工退休金新制的勞工，工作年資未滿 15 年，應申請一次領取退休金。

12. 依據勞基法，針對工作性質特殊，此時勞雇雙方對於工作時間應有合理協商之彈性。

13. 依據勞工退休金條例，勞工請領退休金前死亡，遺屬可代為請領該退休金，遺屬請領之順位如下：
    (1)配偶及子女
    (2)父母
    (3)祖父母
    (4)孫子女
    (5)兄弟姊妹

● 小叮嚀：先同一家人(本家)，再向上一層直系親屬(父母、祖父母)延伸，最後才向下一層直系親屬(孫子女)延伸)。

14. 依據勞動基準法，離職後競業禁止的期間，最長不得超過 2 年。

二、模擬考題(選擇題)

1. 依據勞資爭議處理法規定，勞資爭議在調解、仲裁或裁決期間，雇主不得採取哪些行為？
   1. 罷工
   2. 歇業
   3. 終止勞動契約
   4. 其他不利於勞工之行為

◉ 解答：2、3、4

2. 依據勞工退休金條例，雇主未按時提繳退休金，逾期每日需要加徵滯納金多少比率？
   1. 3%
   2. 2%
   3. 5%
   4. 10%

⊙ 解答：1

3. 依據勞工退休金條例，勞工留職停薪、入伍服役、因案停職或羈押判決尚未確定前，雇主應於發生事由之日起，幾日內以書面向勞保局申請停止提繳退休金？
   1. 7 日
   2. 10 日
   3. 30 日
   4. 60 日
● 解答：1

4. 依據勞工退休金條例，勞工年滿幾歲得請領退休金？
   1. 55 歲
   2. 61 歲
   3. 60 歲
   4. 65 歲

● 解答：3

5. **下列有關工作場所之安全衛生提升方式，何者正確？**
   1. 應備妥足夠急救藥品及器材
   2. 機器設備應配置安全措施
   3. 勞工接觸汙染物時，應有安全防護措施並備有清洗設備
   4. 勞工應定期接受健康檢查
   5. 工作場所應備有免費咖啡機及飲料機

● 解答：1、2、3、4

6. **依據流行病學實證研究，輪班、夜間及長時間工作，與心肌梗塞、高血壓、憂鬱等疾病風險之相關性為何？**
   1. 正相關
   2. 負相關
   3. 無相關
   4. 可正可負

● 解答：1

7. **小莉為電子公司之裝配作業員，於公司工作滿 1 年後分娩，並於小孩滿 1 歲時向雇主申請育嬰留職停薪，請回答下列問題：**

● 小莉於分娩後，依勞工保險條例規定，按其平均月投保薪資一次給予生育補助費多少日？

● 公司依勞工退休金條例規定，應為小莉每月負擔至少工資 6% 退休金，而勞工亦得在每月工資百分之多少範圍內，自願提繳退休金？

● 小莉向公司申請育嬰留職停薪，依性別工作平等法規定，期間至該子女滿 3 歲止，但最長不得逾幾年？

● 小莉同意公司對其個人資料加以蒐集或處理，但公司因未採取適當之安全措施，致小莉之個人資料遭不法利用而侵害小莉之權利，依個人資料保護法規定，公司應對小莉負何種賠償責任？

參考解答：

1. 60 日的生育給付
2. 6%(勞退條例)
3. 最長不得超過 2 年(就業保險法規)
4. 每人每案件最高可求償 2 萬元

8. A 公司因業務緊縮擬解僱勞工，請依大量解僱勞工保護法及勞資爭議處理法，回答下列問題：

1. 解僱情形如屬「大量解僱勞工」，事業單位應於符合規定情形之日起幾日前，將解僱計畫書通知主管機關及相關單位或人員，並公告揭示？

2. 又依前項規定，應通知哪 3 種相關單位或人員，請依順位依序回答？

3. 被解僱勞工如認解僱為非法，而生勞資爭議，此種勞資爭議係屬權利事項或調整事項之勞資爭議？該勞資爭議得依勞資爭議處理法所定之哪 3 種程序處理之？

參考解答：

1.60 日前

2.通知相關單位或人員之順序如下：

(1)事業單位內涉及大量解僱部門勞工所屬之工會。

(2)事業單位勞資會議之勞方代表。

(3)事業單位內涉及大量解僱部門之勞工。但不包含定期契約勞工。

3.

(1)屬於權利事項之勞資爭議。

(2)得採調解、仲裁或裁決程序處理。

9. 請依勞動基準法規定，回答下列問題：

1. 何謂童工？

2. 童工及 16 歲以上未滿 18 歲之人，不得從事哪 2 種性質之工作？

3. 童工不得於 1 天中哪一時間內工作？

4. 勞工之特別休假，因年度終結或契約終止而未休之日數，雇主應如何辦理？

參考解答：

1.十五歲以上未滿十六歲。

2.不得從事危險性或有害性之工作。

3.童工不得於午後八時至翌晨六時之時間內工作。

4.可以遞延至次年或發給工資。

小叮嚀：
1. 針對加班時數，除申請加班費外，企業通常鼓勵勞工選擇補休。
2. 特休假未休完畢，企業通常允許勞工可選擇遞延至次年或發給工資。

10. A 公司因國際貿易市場景氣影響而業務緊縮，擬解僱勞工。請回答下列問題：

1.依大量解僱勞工保護法規定，解僱如屬大量解僱勞工情形，在無天災、事變或突發事件情況下，A 公司逾 60 日仍未將解僱計畫書通知主管機關及相關單位或人員，並公告揭示。對甲公司違法行為，依該法第 17 條規定，主管機關可採取哪些處分？

2.依勞資爭議處理法規定，上開解僱如滋生勞資爭議，勞資雙方應基於哪 2 項原則，解決勞資爭議？

參考解答：

1.
(1)處新台幣 10 萬元以上 50 萬元以下罰鍰，並限期令其通知或公告揭示。
(2)屆期未通知或公告揭示者，按日連續處罰至通知或公告揭示為止。
2.應本誠實信用及自治原則。

11. 依據勞基法，勞工工作幾年以上、年滿幾歲以上可自請退休？勞工非年滿幾歲者，雇主不得強制其退休？哪些其他情況，雇主得強制其退休？

參考解答：

1.勞工自請退休年齡與年資：

(1)年資 25 年以上

(2)年資 15 年以上，年齡滿 55 歲

(3)年資 10 年以上，年齡滿 60 歲

2.勞工年滿 65 歲，雇主得要求勞工強制退休。

3.其他情況，雇主得要求勞工強制退休：

(1)身心障礙不堪勝任工作。

(2)對於危險或堅強體力性質勞工，得在 55 歲~65 歲強制勞工退休，但須報請勞動部許可。

12. 小莉為醫院之護理人員，為照顧病患，工作採輪班制，每週更換班次，請回答下列問題：

1.依勞動基準法規定，輪班更換班次時，至少應有連續 11 小時之休息時間。但因哪 2 項事由，經中央目的事業主管機關商請中央主管機關公告者，得變更休息時間不少於連續 8 小時？

2.小莉因生理日導致工作有困難，依性別工作平等法規定，每月得請生理假 1 日，全年請假日數未逾多少日者，不併入病假計算？

3.醫院（雇主）依勞工退休金條例規定，應為小莉按月負擔提繳不得低於工資 6%退休金，儲存於勞保局設立之勞工退休金個人專戶，而該勞工退休基金除作為哪 2 項之用外，不得扣押、供擔保或移作他用？

參考解答與法規：

1.

(1)勞工工作採輪班制者，其工作班次，每週更換一次。但經勞工同意者不在此限。依前項更換班次時，至少應有連續十一小時之休息時間。

(2)因工作特性或特殊原因，經中央目的事業主管機關商請中央主管機關公告者，得變更休息時間不少於連續八小時。

2.女性受僱者因生理日致工作有困難者，每月得請生理假一日，全年請假日數未逾三日，不併入病假計算，其餘日數併入病假計算。併入及不併入病假之生理假薪資，減半發給。

3.勞工退休基金除作為給付勞工退休金及投資運用之用外，不得扣押、供擔保或移作他用。

第四章 就業保險與津貼規範要點

- 我怎麼申請失業給付？向誰申請？
- 失業給付可以領取幾個月？領多少錢？
- 可以參加那些訓練？可以請領多少職訓津貼？
- 提早找到工作，可以享有那些津貼？
- 育嬰留職停薪怎麼申請？

第四章 就業保險與津貼規範要點

第一節 就業保險規範要點

一、就業保險制度與失業保險給付

1. 92 年 1 月 1 日經立法院三讀通過就業保險法，實施就業保險。

2. 保險對象：年滿 15 歲以上，65 歲以下之受僱勞工。**本國人之外籍、大陸及港澳地區配偶**依法在臺工作者，納為就保保障對象。

3. 失業保險給付：

(1)給付金額：失業前 6 個月平均月投保薪資的 60%；若扶養無工作收入的配偶、未成年子女或身心障礙子女，每 1 人可加發平均月投保薪資之 10%，最多加計 20%[13]。

(2)依規定領滿失業保險給付期間者，自領滿之日起 2 年內再次請領失業給付，其失業給付以發給原給付期間之 1/2 為限。

---

[13]領滿失業給付之給付期間者，就業保險年資應重行起算。

● 被保險人非自願離職退保後，於請領失業給付或職業訓練生活津貼期間，有受其扶養之眷屬者，每一人按申請人離職辦理本保險退保之當月起前六個月平均月投保薪資百分之十加給給付或津貼，最多計至百分之二十。

● 前項所稱受扶養眷屬，指受被保險人扶養之無工作收入之配偶、未成年子女或身心障礙子女。

● 領取勞工保險傷病給付、職業訓練生活津貼、臨時工作津貼、創業貸款利息補貼或其他促進就業相關津貼者，領取相關津貼期間，不得同時請領失業給付。

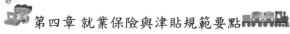

(3)給付月數：失業給付領取期間為 6 個月；若已年滿 45 歲
　　或領有身心障礙證明者，失業給付可請領 9 個月[14]。

(4)資格限制：被保險人於非自願離職辦理退保當日前 3 年
　　內，保險年資合計滿 1 年以上，於公立就業服務機構求
　　職登記起 14 日內仍無法推介就業或安排職業訓練。

4.非自願離職，指被保險人因投保單位關廠、遷廠、休
　業、解散、破產宣告、資遣等情況離職。

5.被保險人因定期契約屆滿離職，逾 1 個月未能就業，且
　離職前 1 年內，契約期間合計滿 6 個月以上者，視為非自
　願離職。

6.申請人可拒絕就業推介情形：申請人對公立就業服務機
　構推介之工作，有下列情事之一而不接受者，仍得請領
　失業給付：

(1)工資低於其每月得請領之失業給付數額。

**(2)工作地點距離申請人(失業者)日常居住處所 30 公里以
　上。**

7.申請人對公立就業服務機構安排之就業諮詢**或職業訓
　練**，有下列情事之一而不接受者，仍得請領失業給付：

(1)因傷病診療，持有證明而無法參加者。

(2)為參加職業訓練，需要變更現在住所，經公立就業服務
　機構認定顯有困難者。

---

[14]中央主管機動部於經濟不景氣致大量失業或其他緊急情事時，於
審酌失業率及其他情形後，得延長前項之給付期間最長至 9 個月，必要
時得再延長之，但最長不得超過 12 個月。

二、其他就業保險津貼或給付

1. 提早就業獎助津貼：請領期間屆滿前受僱且於新服務單位參加就業保險 3 個月以上，可領取提早就業獎助津貼；領取金額為尚未請領之失業給付金額之 50%。所以如果失業勞工年齡高於 45 歲或為身心障礙勞工，尚未請領的失業給付金額可能涵蓋 0~9 個月。

2. 職業訓練生活津貼：被保險人非自願離職，向公立就業服務機構辦理求職登記，經公立就業服務機構安排參加**全日制職業訓練，**可領取職業訓練生活津貼：平均月投保薪資的 60%；有受扶養親屬可增給 10% 或 20%。職訓津貼最長可請領 6 個月，請領期間不能同時領取失業給付；職訓期滿未能順利就業，仍得繼續領取失業給付至期滿。但被保險人參加非全日制課程或自行參加非公立就服機構舉辦之學校公會學會組織之訓練課程，仍得請領失業給付。

3. 育嬰留職停薪津貼：被保險人之保險年資合計滿 1 年以上，子女滿 3 歲前，依性別工作平等法之規定，辦理育嬰留職停薪。

(1) 育嬰留職停薪津貼，以被保險人育嬰留職停薪之當月起前六個月平均月投保薪資 60% 計算。於被保險人育嬰留職停薪期間，按月發給津貼；每一子女合計最長發給六個月。同時撫育子女二人以上之情形，以發給一人為限。

(2) 父母同為被保險人者，應分別請領育嬰留職停薪津貼，不得同時為之。

(3)育嬰留職停薪津貼領取期間一律為 6 個月，領取金額一律為月平均投保薪資的 60%。

(4)被保險人於育嬰留職停薪期間，得繼續自費投保全民健康保險及勞工保險等保險。企業雇主原來負擔的保費部分，企業雇主不需負擔。

(5)依家事事件法、兒童及少年福利與權益保障法相關規定與收養兒童先行共同生活之被保險人，其共同生活期間得依規定請領育嬰留職停薪津貼。

(6)父母撫育 2 名以上未滿 3 歲子女或有雙胞胎情況，夫妻得同時請領不同子女之育嬰留職停薪津貼。

考試要點[15]：

1. 失業給付、職業訓練生活津貼與提早就業獎助津貼的領取金額可能為月投保薪資的 60%、70%或 80%。因為被保險人扶養無工作收入的配偶、未成年子女或身心障礙子女增給 10%或 20%。
2. 只有失業給付可以領取 9 個月(年滿 45 歲或身心障礙被保險人)；育嬰留停津貼或職業訓練生活津貼只能領取 6 個月[16]。提早就業津貼的尚未領取津貼金額最高可能為 9 個月，因此最多可領取 4.5 個月津貼。
3. 育嬰留職停薪津貼領取期間一律為 6 個月，領取金額一律為月平均投保薪資的 60%。

---

[15]參勞保局行政函釋命令與法規整理彙編。

[16]第 16 條 **失業給付** 按申請人離職辦理本保險退保之當月起前六個月平均月投保薪資百分之六十按月發給，最長發給六個月。但申請人離職辦理本保險退保時已年滿四十五歲或領有社政主管機關核發之身心障礙證明者，最長發給九個月。

4.	失業給付或職業訓練生活津貼或提早就業獎助津貼：每月最多可領取 60%~80%。
5.	領取勞工保險傷病給付、職業訓練生活津貼、臨時工作津貼、創業貸款利息補貼或其他促進就業相關津貼者，領取相關津貼期間，不得同時請領失業給付。
6.	育嬰留職停薪津貼與勞保傷病給付同屬薪資補償性質，基於社會保險不重複保障原則，不得同時請領。

三、就業保險行政與監管

1. 就業保險投保、繳費與給付作業由勞工保險局辦理。

2. 投保單位不依就業保險法之規定辦理加保手續者，按自應為加保之日起，至參加保險之日止應負擔之保險費金額，處以**十倍**罰鍰。勞工因此所受之損失，並應由投保單位依就業保險法規定之給付標準賠償之。

3. 投保單位違反就業保險法規定，將投保薪資金額以多報少或以少報多者，自事實發生之日起，按其短報或多報之保險費金額，處以四倍罰鍰，其溢領之給付金額，經保險人通知限期返還，屆期未返還者，依法移送強制執行，並追繳其溢領之給付金額。勞工因此所受損失，應由投保單位賠償之。

4. 以詐欺或其他不正當行為領取保險給付或為虛偽之證明、報告、陳述者，除按其領取之保險給付處以二倍罰鍰外，並應依民法請求損害賠償；其涉及刑責者，移送司法機關辦理。

5. 投保單位未依就業保險法之規定負擔被保險人之保險費，而由被保險人負擔者，按應負擔之保險費金額，處二倍罰鍰。投保單位並應退還該保險費予被保險人。

6. 勞工違反就業保險法規定不參加就業保險及辦理就業保險手續者，處新台幣 1,500 ~7,500 元罰鍰。

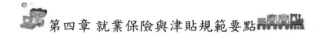

四、就業保險請領個案

案例：小輝剛歡渡 46 歲生日，就收到公司意外的生日禮物：資遣！

　　就業保險有三項津貼跟失業有關係，分別是失業給付、提早就業獎助津貼與職業訓練生活津貼。失業給付如何領取呢？首先被保險人要符合非自願離職要件，自己主動離職不符合領取資格條件。另外，被保險人還需要到<u>公立就業服務機構</u>辦理求職登記，並且 14 天內無法推介就業或安排職業訓練。但是如果公立就業服務機構推介的工作偏遠，超過住所 30 公里以上，或是薪水低於可以領取的失業給付，可以不接受嗎？解答是可以的，這時候可以先領取失業給付，邊領失業給付邊找工作或參加職業訓練喔！

　　若符合失業給付申領資格，可向勞保局申請多少金額的失業給付？依照就業保險法令規範，可領取 60% 的投保薪資、領取半年。另外如果被保險人有扶養無工作收入的配偶、未成年子女或身心障礙子女，每一人可加發平均月投保薪資的 10%，最多加計 20%，最高可以領取 80% 的投保薪資。還有，因應中高齡失業困境，如果被保險人年齡滿 45 歲，就可領取 9 個月，多了 3 個月給付。

　　另外，如果請領失業給付後，期限內就找到工作，不是吃虧嗎？別擔心，也可以請領提早就業獎助津貼，提早就業獎助津貼領取金額是尚未請領失業給付金額的 50%，

因此領取失業給付期間也要認真找工作喔。其次，如果被保險人被公立就業服務機構安排全日制職業訓練，就可以申請領取職業訓練生活津貼；領取金額為投保薪資的 60%~80%，一律領取 6 個月。

就小輝來說，他應該前往住家附近的公立就業服務機關登記求職或受訓，14 天後還沒有工作或沒有被安排職業訓練，就可以領取失業給付，可領取 9 個月。假設小輝的平均投保薪資為 40,000 元，就業保險年資也滿 1 年，太太就業中且尚有 1 位未成年女兒，列表說明可領取之情況與給付金額如下：

	給付別	摘要	領取金額(元)
1.	失業給付 (沒找到工作)	● 領取金額為平均投保薪資的 70%。 ● 可領取 9 個月。	● 每月：40,000x0.7=28,000
2.	失業給付 (2 個月)+ 提早就業獎助津貼	● 領取金額為平均投保薪資的 70%。 ● 領取 2 個月失業給付後，就找到工作。	● 已領取 2 個月失業給付：40,000x0.7x2=56,000 ● 提早就業：一次領取 40,000 x 0.7 x 7 x 0.5=98,000
3.	職業訓練生活津貼 (參與訓練)	● 領取金額為平均投保薪資的 70%。 ● 可領取 6 個月。	● 每月：40,000x0.7=28,000

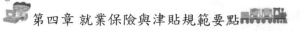

小叮嚀：
● 就業保險的失業給付，是以平均投保薪資計算，金額與勞保投保薪資相同。金額並非實際月薪，投保薪資與實際薪資有差距喔。
● 住家附近有哪些公立就業服務機構：可到勞動部網站或台灣就業通網站(**www.taiwanjobs.gov.tw**)查詢。
● 育嬰留職停薪津貼： 1.領取資格：子女滿 3 歲前、保險年資 1 年以上而且父母未同時請領育嬰留職停薪津貼。 2.給付標準：依照被保險人育嬰留職停薪之當月起前 6 個月平均月投保薪資 60%計算。

第二節 其他就業津貼補助要點

一、青年跨域就業促進補助實施辦法要點

1.適用對象為年滿 18 歲至 29 歲，未在學而有就業意願且初次跨域尋職之本國籍青年(離鄉背井他鄉求職)[17]。因此不須限制是否為就業保險被保險人或是否為非自願離職。

2.跨域就業補助，分下列四種：

(1)求職交通補助金：面試、筆試等的交通補助。

(2)異地就業交通補助金：就業上班後的交通補助。

(3)搬遷補助金：因為異地工作上班，需要搬家的搬家費用補助。

(4)租屋補助金：因為異地工作上班，需要租屋的租金費用補助。

● **<u>小叮嚀：異地就業交通補助與租屋補助不可同時領取！</u>**

3.求職交通補助金領取規範：

(1)未就業青年親自向公立就業服務機構辦理求職登記，經諮詢及開立介紹卡推介就業，推介地點與其日常居住處所距離 30 公里以上者，公立就業服務機構得發給求職交通補助金。

---

[17]初次跨域尋職，指於開立介紹卡推介就業前未曾參加勞工保險，且推介或就業地點與日常居住處所距離三十公里以上者。

未就業青年在學期間曾參加勞工保險，且於開立介紹卡推介就業前未曾再參加者，視為未曾參加勞工保險。

(2)求職交通補助金：每人每次得發給 500 元[18]。每人每年度合併領取前項補助金及依就業促進津貼實施辦法領取之求職交通補助金，以 4 次為限。

4.異地就業交通補助金，依下列規定核發：

(1)未就業青年就業地點與原日常居住處所距離 30 公里以上未滿 50 公里者，每月發給新台幣 1,000 元。

(2)未就業青年就業地點與原日常居住處所距離 50 公里以上未滿 70 公里者，每月發給新台幣 2,000 元。

(3)未就業青年就業地點與原日常居住處所距離 70 公里以上者，每月發給新台幣 3,000 元。

(4)補助金最長發給 12 個月。

(5)補助期間 1 個月以 30 日計算，其末月期間逾 20 日而未滿 30 日者，以 1 個月計算，未滿 20 日者不予發給補助。

5.搬遷補助金：以搬遷費用收據所列總額核實發給，最高發給新台幣 3 萬元。

6.租屋補助金：自受僱且租賃契約所記載之租賃日起，以房屋租賃契約所列租金總額之 60%核實發給，每月最高發給新台幣 5 千元，最長 12 個月。補助期間 1 個月以 30 日計算，其末月期間逾 20 日而未滿 30 日者，以 1 個月計算，未滿 20 日者不予發給補助。

---

[18]但情形特殊者，每次得於新臺幣 1250 元內核實發給。

7.未就業青年申領租屋補助金或異地就業交通補助金,於補助期間得互相變更申領,其合併領取期間以 12 個月為限。租屋補助金與異地就業交通補助金不得同時領取。

二、就業促進津貼實施辦法要點(依據就業服務法)

1.適用津貼對象:

(1)非自願離職者。

(2)符合規定之求職者或轉職者。

A.獨力負擔家計者:本人及受扶養親屬戶口名簿影本;其受撫養親屬為年滿十五歲至六十五歲者,另檢具該等親屬之在學或無工作能力證明文件影本。

B.身心障礙者:身心障礙手冊或證明影本。

C.原住民:註記原住民身分之戶口名簿影本。

D.低收入戶或中低收入戶:低收入戶或中低收入戶證明文件影本。

E.二度就業婦女:因家庭因素退出勞動市場之證明文件影本。

F.家庭暴力被害人:直轄市、縣(市)政府開立之家庭暴力被害人身分證明文件、保護令影本或判決書影本。

G.更生受保護人:出監證明或其他身分證明文件影本。

H.非自願離職者:原投保單位或直轄市、縣(市)主管機關開具之非自願離職證明文件影本或其他足資證明文件。

2.不適用津貼補助之對象:

(1)已領取公教人員保險養老給付或勞工保險老年給付。

(2)已領取軍人退休俸或公營事業退休金。

＊＊符合社會救助法低收入戶或中低收入戶資格、領取中低
收入老人生活津貼或身心障礙者生活補助費者，得適用
津貼補助。

3.就業促進津貼項目：

(1)求職交通補助金

向公立就業服務機構辦理求職登記後，經公立就業服務
機構諮詢並開立介紹卡推介就業，而有下列情形之一者，
每人每次得發給新台幣 500 元，補助金每人每年度以發給
4 次為限[19]。

● 推介地點與日常居住處所距離 30 公里以上。

● 低收入戶、中低收入戶或家庭暴力被害人。

(2)臨時工作津貼

公立就業服務機構受理求職登記後，經就業諮詢並推介
就業，有下列情形之一者，公立就業服務機構得指派其至
用人單位從事臨時性工作，並發給臨時工作津貼：

● 於求職登記日起十四日內未能推介就業。

● 有正當理由無法接受推介工作。指工作報酬未達原投
保薪資 60%，或工作地點距離日常居住處所 30 公里以
上者。

● 津貼標準：按每小時基本工資核給，最長 6 個月。

● 保障：用人單位應為從事臨時工作之人員辦理參加勞
工保險、勞工職業災害保險及全民健康保險。

---

[19]但情形特殊者，每次得於新臺幣 1250 元內核實發給。

(3)職業訓練生活津貼

(i)經公立就業服務機構就業諮詢並推介參訓,或經政府機關主辦或委託辦理之職業訓練單位甄選錄訓,其所參訓性質為各類**全日制**職業訓練,得發給職業訓練生活津貼。

(ii)全日制職業訓練,應同時符合下列條件:
◇ 訓練期間1個月以上。
◇ 每星期訓練4日以上。
◇ 每日訓練時間4小時以上。
◇ 每月總訓練時數100小時以上。

(iii)津貼金額:

每月按基本工資之60%發給,最長以6個月為限。申請人為身心障礙者,最長發給1年。

依受訓學員參加訓練期間以30日為1個月計算,1個月以上始發給;超過30日之畸零日數,應達10日以上始發給,並依下列方式辦理:
◇ 10日以上且訓練時數達30小時者,發給0.5個月。
◇ 20日以上且訓練時數達60小時者,發給1個月。

(iv)申領津貼者,有以下情況,應予撤銷、廢止、停止或不予核發職業訓練生活津貼:
◇ 於領取津貼期間已就業、中途離訓或遭訓練單位退訓。
◇ 應優先請領就業保險法職業訓練生活津貼,不得同時取2項以上(含)的職業訓練生活津貼。

三、就業保險促進就業實施辦法要點(依據就業保險法)

1.促進就業措施:

(1)中央主管機關公告辦理僱用安定措施期間,雇主因經濟不景氣致虧損或業務緊縮,為避免裁減員工,得擬定僱用安定計畫,並報請公立就業服務機構核定。

(2)僱用安定措施及僱用獎助措施:雇主依規定擬定僱用安定計畫,應於計畫實施日期之 15 日前,檢附文件報請當地公立就業服務機構核定,可包含僱用薪資補貼、訓練補助等措施。

(3)僱用安定計畫:涉及雇主與被保險人約定縮減工時及依其比例減少薪資者,應經勞資會議同意,且約定每月縮減之平均每週正常工時及月投保薪資,不得低於約定前 3 個月之平均每週正常工時及月投保薪資之 20%,且未逾其 80%;約定後月投保薪資不得低於中央主管機關公告之每月基本工資。

(4)公立就業服務機構核發被保險人薪資補貼,應按其約定縮減工時前 3 個月平均月投保薪資及約定縮減工時後月投保薪資差額之 50%發給。

(5)其他促進就業措施:

● 補助求職交通、異地就業之交通、搬遷及租屋費用。

● 推介從事臨時工作。

● 辦理適性就業輔導。

● 協助雇主改善工作環境及勞動條件。

● 促進職場勞工身心健康、工作與生活平衡。

● 促進職業災害勞工穩定就業。

● 提升工會保障勞工就業權益之能力。

2.僱用獎助措施適用特定對象及發放標準：不限身分且失業期間連續達 3 個月以上。

● 失業期間連續達 3 個月以上：不限身分。

● 發放標準：每人每月發給新台幣 9,000 元(時薪制改依每小時 50 元發給)，最長 12 個月。

3.僱用獎助措施適用特定對象及發放標準：特定對象且失業期間連續達 1 個月以上。

A.特定對象(一)

(1)年滿 45 歲至 65 歲失業者。
(2)身心障礙者
(3)長期失業者：連續失業 1 年以上
➤ 發放標準：每人每月發給新台幣 13,000 元(時薪制改依每小時 70 元發給)，最長 12 個月。

B.特定對象(二)

(1)獨力負擔家計者
(2)原住民
(3)低收入戶或中低收入戶中有工作能力者
(4)更生受保護人
(5)家庭暴力及性侵害被害人
(6)二度就業婦女
(7)其他：例如：未就學未就業青年。
➤ 發放標準：每人每月發給新台幣 11,000 元(時薪制改依每小時 60 元發給)，最長 12 個月。

小叮嚀：

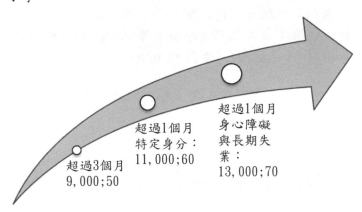

超過3個月
9,000;50

超過1個月
特定身分：
11,000;60

超過1個月
身心障礙
與長期失
業：
13,000;70

4.**求職交通補助金**：推介地點與其日常居住處所距離 30 公里以上或中低收入戶，每人每次得發給 500 元[20]。每人每年度合併領取前項補助金及依就業促進津貼實施辦法領取之求職交通補助金，以 4 次為限。

5.**異地就業交通補助金**，依下列規定核發：
(1)未就業青年就業地點與原日常居住處所距離 30 公里以上未滿 50 公里者，每月發給新台幣 1,000 元。
(2)未就業青年就業地點與原日常居住處所距離 50 公里以上未滿 70 公里者，每月發給新台幣 2,000 元。
(3)未就業青年就業地點與原日常居住處所距離 70 公里以上者，每月發給新台幣 3,000 元。
(4)補助金最長發給 12 個月。

---

[20]但情形特殊者，每次得於新臺幣 1250 元內核實發給。

(5)補助期間1個月以30日計算,其末月期間逾20日而未滿30日者,以1個月計算,未滿20日者不予發給補助。

(6)需符合失業期間連續達三個月以上或非自願性離職要求才可申請。

6.**搬遷補助金**:以搬遷費用收據所列總額核實發給,最高發給新台幣3萬元。

7.**租屋補助金**:自受僱且租賃契約所記載之租賃日起,以房屋租賃契約所列租金總額之60%核實發給,每月最高發給新台幣5千元,最長12個月。補助期間1個月以30日計算,其末月期間逾20日而未滿30日者,以1個月計算,未滿20日者不予發給補助。

8.勞工申領租屋補助金或異地就業交通補助金,於補助期間得互相變更申領,其合併領取期間以12個月為限。

9.**臨時工作津貼**:公立就業服務機構推介臨時工作

● 於求職登記日起14日內未能推介就業。

● 有正當理由無法接受推介工作:正當理由指工作報酬未達原投保薪資60%,或工作地點距離日常居住處所30公里以上者。

● **依每小時基本工資核給,且1個月合計不超過月基本工資,最長6個月。**

四、就業保險失業者創業協助辦法要點

就業保險被保險人失業而有意自行創業者,得向勞動部申請創業協助,項目如下:

(1)創業諮詢輔導及適性分析。

(2)創業研習課程。

(3)創業貸款及利息補貼:

● 申請人申請創業計畫之貸款額度,最高可以貸款200萬元。

● 貸款每次貸款期間最長7年,貸款人應按月平均攤還本息。但經承貸金融機構同意,得於每次貸款期間內,給予繳息不繳本之寬限期1年。

● 貸款利率,按郵政儲金2年期定期儲金機動利率加年息0.575%計息。

● 貸款人每次貸款期間前3年免繳利息,由勞動部全數補貼;第4年起固定負擔年息1.5%,利息差額由勞動部補貼。但年息低於1.5%時,由貸款人負擔實際年息。

● 貸款之用途,以購置或租用廠房、營業場所、機器、設備或營運週轉金為限。

(4)其他相關措施。

五、新冠肺炎期間紓困振興特別條例額外補助津貼(短期)

年滿15歲～29歲青年或待業青年,可依據嚴重特殊傳染性肺炎防治及紓困振興特別條例,在補助期間內申請相關補助。

類別	方案	申請資格	摘要
職前訓練	產業新尖兵計畫及青年訓練	15歲～29歲之本國籍待業青年	● 提供青年產業創新技能培訓課程，最高補助訓練費10萬元。 ● 每月可領取學習獎勵金8千元(非政策性產業課程為3千元)，最高可領取12個月。
先僱用後培訓	青年就業旗艦計畫	15歲～29歲之本國籍青年	● 事業單位依據用人需求，規劃3~9個月的工作訓練，青年通過聘僱甄選後受訓，由事業單位發放薪資，由政府補助事業單位部分訓練費。 ● 訓練費補助：每人每月最高補助1.2萬；員工薪資愈高，補助期間及補助總額愈高。
安心就業計畫	安心就業計畫	減班休息就業保險勞工	● 減班休息勞工薪資差額補貼：平均月投保薪資與減班休息期間每月薪資之差額補貼。 ● 每月薪資差額為7千元以下者，補貼3500元。 ● 每月薪資差額為7001~14000元者，補貼7000元。 ● 每月薪資差額為14001以上者，補貼11000元。

類別	方案	申請資格	摘要
就業獎勵金	安穩僱用計畫2.0	待業青年	● 補助期限內透過公立就業服務機構推介就業，就業**滿30日以上**者，可獲得就業獎勵津貼。 ● **勞工津貼**：「全時工作」最高可領**2萬元**，「部份工時」最高可領**1萬元**。 ● **雇主津貼**：「全時工作」最高可領**3萬元**，「部份工時」最高可領**1.5萬元**。
	青年職得好評計畫	本國籍**15歲～29歲**青年，未就學、未就業且失業期間連續達**6**個月以上者。	受僱於同一雇主且為「全時工作」，期滿3個月以上，可獲得就業獎勵金3萬元。
	青年就業獎勵計畫	年滿**15歲～29歲**，於期限內畢業。	補助期限內就業，或於**退役後90日內**就業，受僱於同一雇主且為「全時工作」，期滿90日以上者，可領取就業獎勵金，合計最高3萬元。
尋職津貼	青年尋職津貼計畫	年滿**20歲～29歲**待業或從事部分工時之青年符合規定者。	● 完成求職準備，發給第1次尋職津貼**2千元**。 ● 求職過程中另給予尋職津貼，每個月**1萬元/次**，最多可領**3個月**。

資料來源：勞動部網站及台灣就業通網站，111年12月搜尋

第三節 考試要點與模擬考題

考試要點一：就業保險

1.請領失業給付之要件：
● 　具有工作能力或繼續工作意願
● 　已向公立就業服務機構登記求職 15 天以上
● 　累積就業保險年資達 1 年以上

2.依據就業保險法，失業勞工可獲得哪些給付或福利：
● 　失業給付
● 　職業訓練生活津貼
● 　育嬰留職停薪津貼
● 　提早就業獎助津貼

*就業保險法未給付僱用獎助津貼予失業勞工。

3.失業勞工參與職業訓練並申領職業訓練生活津貼時，若有 不實申領，主管機關可以採取以下處分方式：
● 　撤銷或廢止已核可補助
● 　2 年內不再給予補助
● 　不核發補助
● 　不含給予警告。

4.對於以下情況，失業勞工仍得請領失業給付：
● 　失業勞工為參加職業訓練，需要搬家或在外租屋(變更住所)
● 　失業勞工須接受傷病診療而無法參加職業訓練
● 　失業勞工每月可領取的失業給付金額高於公立就業服務機構推薦職缺
● 　公立就業服務機構職缺距離失業勞工住所，距離超過 30 公里

5.依據就業保險促進就業實施辦法，對於異地就業交通補助金(遠距離就業津貼)之發放方式如下：
● 　50 公里~70 公里：每月發放 2 千元

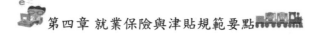

6.依據就業保險法規定，應發給的保險給付，經保險人(勞工保險局)核定後，最慢應該在 15 日內給付。

考試要點二：就業協助與補助制度

1.公立就業服務機構為促進失業之被保險人再就業，得提供就業諮詢、推介就業或參加職業訓練。
   ◇ 被保險人之在職訓練。
   ◇ 被保險人失業後之職業訓練、創業協助及其他促進就業措施。
   ◇ 被保險人之僱用安定措施。
   ◇ 雇主僱用失業勞工之獎助。
2.就業促進津貼實施辦法(依據就業服務法)
   ◇ 求職交通補助金
   ◇ 臨時工作津貼
   ◇ 職業訓練生活津貼
3.職業訓練法訓練規定：
   ◇ 養成訓練：年齡 15 歲以上或國中畢業之職前訓練
   ◇ 技術生訓練：培養基層技術人力，年齡 15 歲以上或國中畢業
   ◇ 進修訓練：在職技術員工技能與知識
   ◇ 轉業訓練：職業轉換者
4.職業訓練期滿未能推介就業者，職業訓練單位應轉請公立就業服務機構完成失業認定；其未領取或尚未領滿失業給付者，並應轉請保險人核發失業給付，合併原已領取之失業給付，仍以規定之給付期間為限。
5.繼續請領失業給付者，應於前次領取失業給付期間末日

之翌日起二年內，每個月親自前往公立就業服務機構申請失業再認定。但因傷病診療期間無法親自辦理者，得提出醫療機構出具之相關證明文件，以書面陳述理由委託他人辦理。

6.未經公立就業服務機構為失業再認定者，應停止發給失業給付。

考試要點三：訓練協助與補助

1.依據就業保險之職業訓練及訓練經費管理運用辦法，可獲得補助金額如下：
   ✧ 每位學員 3 年內最高補助 7 萬元
   ✧ 每位學員可補助 80%的訓練費用
   ✧ 針對特定失業對象，可獲得 100%的訓練費用補助
   ✧ 獲得補助學員需至少參與 80%的課程時數

2.委託或補助訓練單位之費用，其標準如下：

(1)採委託辦理：以每一參訓學員訓練費用之單價為經費之計算方式。

(2)採補助辦理：

● 辦理職業訓練，補助額度不超過訓練單位所提計畫書總經費之 80%。但經專案核定或對於辦理失業者職業訓練之訓練單位，得全額補助。

● 辦理研習會、觀摩會及相關活動，補助額度不超過訓練單位所提計畫書總經費之 70%。

● 補助參訓學員之費用，其標準如下：
   ✓ 以經核定之訓練收費標準，補助每一參訓學員最高 80%訓練費用。
   ✓ 特定規定對象補助全額訓練費用。
   ✓ 每一參訓學員 3 年內最高補助總金額為新臺幣 7 萬元。

- 規定之期間,自該學員參與訓練計畫初次課程開訓日起算至三年期滿。
- 參訓學員中途退訓時,委託或補助訓練單位之費用,其核發標準如下:
    - 實際參訓時數未達應參訓總時數 1/4 者,不予核發。
    - 實際參訓時數達應參訓總時數 1/4 以上,未達 1/2 者,核發半數。
    - 實際參訓時數達應參訓總時數 1/2 以上者,全額核發。

3. 依據就業保險法規定失業給付的起算日從失業勞工向公立就業服務機構辦理求職登記的第 15 天開始計算。

4. 依據就業促進津貼實施辦法,求職交通補助金每人每次得發給 500 元,但每人每年最多發給 4 次(平均每季只能發 1 次)。

5. 雇主僱用本國籍勞工,若違反就業保險法規定,將投保薪資以多報少或以少報多者,自事實發生之日起按短報或多報之保險費金額,處以 4 倍罰鍰。

6. 依據就業保險法規定,失業勞工對於公立就業服務機構推介之工作,若工資低於可領取失業給付金額,雖拒絕工作仍得請領失業給付。

二、模擬考題

1. 依據就業保險促進就業實施辦法,勞動部為穩定職災勞工穩定就業,得採取以下哪些措施?
   1. 雇主僱用職災勞工獎助
   2. 採取促進職災勞工穩定就業措施
   3. 全額補助工廠之機器設備
   4. 提供職災勞工重返職場之補助

   ◉　解答:1、2、4

2. 依據就業保險促進就業實施辦法,促進就業措施之範圍包含以下哪些項目?
   1. 職業訓練生活津貼
   2. 推介臨時性工作
   3. 補助求職交通費用
   4. 僱用獎助措施

   ◉　解答:2、3、4
   說明:職業訓練生活津貼非屬於就業保險促進就業措施,
   　　　屬於就業服務法授權之就業促進措施或就業保險法
   　　　規範。

3. 請問就業保險法規定之提早就業獎助津貼發放條件包含以下何者？

　　1. 受僱工作後參加就業保險至少 3 個月。

　　2. 受僱工作後參加就業保險至少 2 個月。

　　3. 受僱工作後參加就業保險至少 1 個月。

　　4. 受僱工作後參加就業保險至少 6 個月。

● 解答：1

4. 小莉已滿 45 歲，就業保險平均投保薪資 4 萬元，有 1 位未成年子女。就業保險年資已達 10 年。下個月卻因 A 公司經營不善關廠而被資遣退保，目前仍然失業中。

　　1.請問小莉可以請領幾個月的失業給付？領取金額多少？

　　2.如果小莉在請領期限屆滿期受僱工作，得向勞保局申請哪一項津貼？給付標準為何？

　　3.小莉在第三個月月初開始受僱工作，可以請領多少金額的津貼？

參考解答：

　　1.9 個月。每月領取：40,000x0.7=28,000。

　　2.可請領提早就業獎助津貼。給付標準為尚未領取之失業給付金額的一半。

　　3.可領取之提早就業獎助津貼：28,000x7x0.5=98,000 元

第五章 就業服務法令規範要點

第一節 就服法對於就服機構與就服人員之規範
第二節 就服法關於外國人聘僱規範
第三節 就服法各項監督與裁罰規範
第四節 個人資料保護法及其他
第五節 考試要點與模擬考題

夢想起飛

- 就業服務法有哪些職業準則規範？
- 外國人符合哪些資格條件才可以來台工作？
- 就業服務人員需要負責那些工作？
- 私立就業服務機構可以收取那些費用？
- 就服機構違反法令執行業務，可能面臨哪些處罰？

第五章 就業服務法令規範要點

第一節 就服法對於就服機構與就服人員之規範

一、就業服務機構與人員要點

1. 就業服務：協助國民就業及雇主徵求員工所提供之服務。
2. 就業服務法明訂國民有選擇職業之自由，國民接受就業服務一律平等，不應有就業歧視等情事[21]。
3. 就業服務法對於中高齡者之定義：45~65歲之國民。
4. 就業服務法對於長期失業者之定義：連續失業期間≧1年且勞保退保前3年年資≧半年。
5. 就業服務法主管機關：中央為勞動部、直轄市為直轄市政府、縣市為縣市政府。
6. 立法目的：促進國民就業，以增進社會及經濟發展。

二、私立就業服務機構得經營下列就業服務業務：

1. 職業介紹或人力仲介業務。
2. 接受委任招募員工。
3. 協助國民釐定生涯發展計畫之就業諮詢或職業心理測驗。
4. 其他經中央主管機關指定之就業服務事項。

---

[21]保障國民就業機會平等，雇主對求職人或所僱用員工，不得以種族、階級、語言、思想、宗教、黨派、籍貫、出生地、性別、性傾向、年齡、婚姻、容貌、五官、身心障礙或以往工會會員身分為由，**予以歧視**。

三、就業服務專業人員之職責

1.辦理暨分析職業性向。

2.協助釐定生涯發展計畫之就業諮詢。

3.查對所屬私立就業服務機構辦理就業服務業務之各項申請文件。

4.依規定於雇主相關申請書簽證。

5.就業服務專業人員執行前項業務，應遵守誠實信用原則。

四、私立就業服務機構之組織與資本額要求

1.辦理本國人力仲介業務，實收資本額至少須達 50 萬元，每增設一分公司需增資 20 萬元。

2.辦理外國人力仲介業務，需要採公司組織，且實收資本額至少須達 500 萬元，每增設一分公司時最低資本需增加 200 萬元。

3.勞動部許可設立後，需於 3 個月內設立，必要時可申請展延 2 個月。

4.主管機關得自行或委託相關機關（構）、團體辦理私立就業服務機構評鑑，評鑑成績分為 A、B 及 C 三級。

5.評鑑為 C 級，經限期令其改善，屆期不改善或改善後仍未達 B 級者，主管機關應不予許可。

五、外籍勞工來台就業需經許可，但以下情況不在此限：

1.政府及學術研究機構聘僱外國人擔任顧問或研究工作。

2.外國人與本國國民結婚且獲准居留。

3.公私立大學進行講座或學術研究(經教育部認可)。

六、聘僱外國人從事本國工作時之招募求才須知

1. 企業應於公立就業服務機構登記及在台灣就業通網站刊登 21 日招募本國勞工。

2. 也可在國內主管機關指定新聞報紙刊登求才廣告 3 日，並在公立就業服務機構登記及在台灣就業通網站刊登 14 日招募本國勞工。

3. 若仍無法順利招募本國勞工從事工作，則能招聘外國人來台從事工作。

七、身心障礙者職務再設計

1. 改善職場工作環境：使得工作環境更加安全舒適，例如：工作場所提供無障礙環境及增進安全工作環境相關之改善。

2. 改善工作設備或機具：針對求職者進行工作設備或機具之改善與強化，例如：操作更簡單、更安全。

3. 提供就業所需之輔具：為增加及改善工作能力及績效所提供的輔助器具。

4. 改善工作輔助：包括提供就業所需翻譯、交通工具協助、人性化操作介面等。

5. 調整工作方法或工作內容：透過職業心理測驗及訓練，依據求職者特性，分派適當工作，包括：工作重組、調派其他員工合作、簡化或調整工作流程及降低危險性工作等。

6. 評量與訓練協助：協助就業有關之評量、訓練所需之職務再設計服務。

八、就業服務專業人員之職業倫理道德摘錄

1.允許他人假藉本人名義從事就業服務業務。

2.違反法令執行業務。

3.辦理仲介業務，未依規定與雇主或求職人簽訂書面契約。

4.為不實或違反就業平等之廣告或揭示。

5.違反求職人意思，留置其國民身分證、工作憑證或其他證明文件。

6.扣留求職人財物或收取推介就業保證金。

7.要求、期約或收受規定標準以外之費用，或其他不正利益。

8.仲介求職人從事違背公共秩序或善良風俗之工作。

9.未有就業歧視或服務歧視情形。

九、就業服務法所規定之違規行為

1.允許他人假藉本人名義從事就業服務業務。

2.違反法令執行業務，例如：欺騙侵害及溢收費用等。

第二節 就服法關於外國人聘僱規範

一、就業服務機關執行業務規範

規範摘要	就服法
雇主招募或僱用員工，不得有下列情事： 1.為不實之廣告或揭示。 2.違反求職人或員工之意思，<u>留置其國民身分證、工作憑證或其他證明文件</u>。 3.<u>扣留求職人或員工財物或收取保證金</u>。 4.<u>指派求職人或員工從事違背公共秩序或善良風俗</u>之工作。 5.辦理聘僱外國人之申請許可、招募、引進或管理事項，<u>提供不實資料或健康檢查檢體</u>。 6.提供職缺之經常性薪資未達 4 萬元而未公開揭示或告知其薪資範圍。	第 5 條
1.在依法罷工期間，或因終止勞動契約涉及勞方多數人權利之勞資爭議在調解期間，就業服務機構不得推介求職人至該罷工或有勞資爭議之場所工作。 2.勞方多數人，指事業單位勞工涉及勞資爭議≧10人以上，或雖<10人而占該勞資爭議場所員工人數 1/3 以上者。	第 10 條

規範摘要	就服法
1.主管機關得視業務需要，在各地設置公立就業服務機構。 2.直轄市、縣(市)轄區內原住民人口達<u>2萬人</u>以上者，得設立因應原住民族特殊文化之原住民公立就業服務機構。	第12條
公立就業服務機構推介之求職人為低收入戶及中低收入戶或家庭暴力被害人且有工作能力者，<u>其為應徵所需旅費</u>，得酌予補助。	第29條
雇主資遣員工時，應於員工<u>離職之10日前</u>，將被資遣員工之姓名、性別、年齡、住址、電話、擔任工作、資遣事由及需否就業輔導等事項，列冊通報當地主管機關及公立就業服務機構。 但其資遣係因天災、事變或其他不可抗力之情事所致者，應自<u>被資遣員工離職之日起3日內為之</u>。	第33條

規範摘要	就服法
私立就業服務機構得經營下列就業服務業務： 1.職業介紹或人力仲介業務。 2.接受委任招募員工。 3.協助國民釐定生涯發展計畫之就業諮詢或職業心理測驗。 4.其他經中央主管機關指定之就業服務事項。	第 35 條
就業服務專業人員不得有下列情事： 1.允許他人假藉本人名義從事就業服務業務。 2.違反法令執行業務。	第 37 條
私立就業服務機構及其從業人員從事就業服務業務，不得有下列情事： 1.辦理仲介業務，未依規定與雇主或求職人簽訂書面契約。 2.為不實或違反就業平等之廣告或揭示。 3.違反求職人意思，留置其國民身分證、工作憑證或其他證明文件。 4.扣留求職人財物或收取推介就業保證金。 5.要求、期約或收受規定標準以外之費用，或其他不正利益。 6.行求、期約或交付不正利益。 7.仲介求職人從事違背公共秩序或善良風俗之工作。 8.接受委任辦理聘僱外國人之申請許可、招募、引進或管理事項，提供不實資料或健康檢查檢體。 9.辦理就業服務業務有恐嚇、詐欺、侵占或背	第 40 條

信情事。 10.違反雇主或勞工之意思，留置許可文件、身分證件或其他相關文件。 11.對主管機關規定之報表，未依規定填寫或填寫不實。 12.未依規定辦理變更登記、停業申報或換發、補發證照。 13.未依規定揭示私立就業服務機構許可證、收費項目及金額明細表、就業服務專業人員證書。 14.經主管機關處分停止營業，其期限尚未屆滿即自行繼續營業。 15.辦理就業服務業務，未善盡受任事務，致雇主違反就業服務法或依就業服務法所發布之命令。 16.租借或轉租私立就業服務機關許可證或就業服務專業人員證書。	第 40 條

103

二、關於聘僱外國人工作之規範

項目	就服法
● 任何人不得媒介外國人非法為他人工作。 ● 任何人不得非法容留外國人從事工作。	第44及45條
雇主聘僱外國人在中華民國境內從事之工作，除就業服務法另有規定外，以下列各款為限： 一、專門性或技術性之工作。 二、華僑或外國人經政府核准投資或設立事業之主管。 三、下列學校教師： （一）公立或經立案之私立大專以上校院或外國僑民學校之教師。 （二）公立或已立案之私立高級中等以下學校之合格外國語文課程教師。 （三）公立或已立案私立實驗高級中等學校雙語部或雙語學校之學科教師。 四、依補習及進修教育法立案之短期補習班之專任教師。 五、運動教練及運動員。 六、宗教、藝術及演藝工作。 七、商船、工作船及其他經交通部特許船舶船員。 八、海洋漁撈工作。 九、家庭幫傭及看護工作。 十、為因應國家重要建設工程或經濟社會發展需要，經中央主管機關指定之工作。 十一、其他因工作性質特殊，國內缺乏該項人才，在業務上確有聘僱外國人從事工作之必要，經中央主管機關專案核定者。	第46條

項目	就服法
● 受聘僱之外國人有連續曠職 3 日失去聯繫或聘僱關係終止之情事，雇主應於 3 日內以書面通知當地主管機關、入出國管理機關及警察機關。 ● 當地主管機關：直轄市政府或縣市政府勞工單位 ● 入出國管理機關：內政部入出國及移民署，簡稱移民署(依據入出國及移民法)	第 56 條
雇主聘僱外國人不得有下列情事： 1.聘僱未經許可、許可失效或他人所申請聘僱之外國人。 2.以本人名義聘僱外國人為他人工作。 3.指派所聘僱之外國人從事許可以外之工作。 4.未經許可，指派所聘僱外國人變更工作場所。 5.未依規定安排所聘僱之外國人接受健康檢查或未依規定將健康檢查結果函報衛生主管機關。 6.因聘僱外國人致生解僱或資遣本國勞工之結果。 7.對所聘僱之外國人以強暴脅迫或其他非法之方法，強制其從事勞動。 8.非法扣留或侵占所聘僱外國人之護照、居留證件或財物。 9.其他違反就業服務法或依就業服務法所發布之命令。	第 57 條

項目	就服法
外國人於聘僱許可有效期間內，因不可歸責於雇主之原因出國、死亡或發生行蹤不明之情事並依規定通知入出國主管機關及警察機關滿六個月，雇主得向中央主管機關申請遞補。 雇主聘僱外國人從事家庭看護工作，因<u>不可歸責之原因</u>，並有下列情事之一者，得向中央主管機關申請遞補： 一、外國人於入出國機場或收容單位發生行蹤不明之情事，依規定通知警察機關。 二、外國人於雇主處所發生行蹤不明之情事，依規定通知警察機關滿 3 個月仍未查獲。 遞補之聘僱許可期間，以補足原聘僱許可期間為限；原聘僱許可所餘期間不足六個月者，不予遞補。	第 58 條
外國人受聘僱從事工作，有下列情事之一者，經中央主管機關核准，得轉換雇主或工作： 一、雇主或被看護者死亡或移民者。 二、<u>船舶被扣押、沈沒或修繕</u>而無法繼續作業者。 三、雇主關廠、歇業或不依勞動契約給付工作報酬經終止勞動契約者。 四、其他不可歸責於受聘僱外國人之事由者。	第 59 條

項目	就服法
雇主所聘僱之外國人，經警察機關依規定遣送出國者，其遣送所需之旅費及收容期間之必要費用，應由下列順序之人負擔： ● 非法容留、聘僱或媒介外國人從事工作者。(有數人者，應負連帶責任) ● 遣送事由可歸責之雇主。 ● 被遣送之外國人。	第 60 條
就業安定費 ● 聘僱外國人從事工作，應繳納就業安定費 ● 雇主或被看護者符合社會救助法規定之低收入戶或中低收入戶、依身心障礙者權益保障法領取生活補助費，或依老人福利法領取中低收入生活津貼者，其聘僱外國人從事家庭看護工作，免繳納就業安定費。 ● 逾期繳納就業安定費：可寬限 30 日，逾期每日加徵 0.3%滯納金，但滯納金最高以未繳金額之 30%為限。	第 55 條
聘僱外國人之限制： 不得妨礙**本國人之就業機會、勞動條件、國民經濟發展及社會安定**	第 42 條
外國人工作許可期間及申請展延 ● 聘僱外國人：每次最長 3 年；期滿可申請展延，最長工作期間 12 年 ● 聘僱外國人從事家庭看護工作，最長工作期間：14 年	第 52 條

三、雇主聘僱**外國人**許可及管理辦法要點

項目	辦法
● 中階技術工作：海洋漁撈工作、機構看護工作、家庭看護工作、製造工作、營造工作、外展農務工作、農業工作或其他經中央主管機關會商中央目的事業主管機關指定之工作 ● 其他工作：雙語翻譯工作、廚師及其他工作	第2條
● 非以入國工作為主要目的之國際書面協定，其內容載有同意外國人工作、人數、居（停）留期限等者，外國人據以辦理之入國簽證，視為工作許可。 ● 前項視為工作許可之期限，最長為1年。	第4條
● 外國留學生，應符合外國學生來臺就學辦法規定之外國學生身分或僑生回國就學及輔導辦法規定 ● 工作時間除寒暑假外，每星期最長為20小時。	第50~55條
應設置生活照顧服務人員之人數： ● 聘僱人數：10人~50人≧1人 ● 聘僱人數：50人~100人≧2人 ● 聘僱人數：100人以上≧3人；每100人加1人 生活照顧服務人員應具備下列條件之一： 1.取得就業服務專業人員證書者。 2.從事外國人生活管理工作2年以上經驗者。 3.大專校院畢業，並具1年以上工作經驗者。	第60條
應聘僱具有雙語能力之外國人人數： ● 聘僱人數：<u>30人</u>~100人≧1人 ● 聘僱人數：100人~200人≧2人 ● 聘僱人數：200人≧3人；每100人加1人	第64條

項目	辦法
● 雇主有聘僱外國籍家庭看護工意願者，應向中央主管機關公告之醫療機構申請被看護者之專業評估。 ● 被看護者經專業評估認定具備中央主管機關規定聘僱外國人從事家庭看護工作之條件....。 ● 被看護者具下列資格之一者，雇主得不經前二項評估手續，直接向直轄市及縣（市）政府之長期照護管理中心申請推介本國籍照顧服務員： 1.持特定重度身心障礙手冊或證明。 2.符合中央主管機關規定，免經醫療機構專業評估。	第18條
● 外國人生活照顧服務計畫書，應規劃下列事項： 1.飲食及住宿之安全衛生。 2.人身安全之保護。 3.文康設施及宗教活動資訊。 4.生活諮詢服務。 5.住宿地點及生活照顧服務人員。 6.其他經中央主管機關規定之事項。 ● 雇主聘僱外國人從事家庭幫傭或家庭看護工之工作者，免規劃文康設施及宗教活動資訊以及生活諮詢服務。 ● 雇主為相關事項之變更，應於**變更後7日內**，以書面通知外國人工作所在地及住宿地點之當地主管機關。	第33條
● 雇主依勞動契約給付第二類外國人工資時，**應檢附印有中文及該外國人本國文字之薪資明細表**，記入實領工資、工資計算項目、工資總額....。	第66條

四、外國人工作資格及審查標準

項目	法源
外國人受聘僱從事就業服務法規定之工作，其工作內容如下： 1.海洋漁撈工作：從事漁船船長、船副、輪機長、大管輪、管輪、電信員、動力小船駕駛人及其助手以外之普通船員、箱網養殖或與其有關之體力工作。 2.家庭幫傭工作：在私人家庭從事房舍清理、食物烹調、家庭成員起居照料或其他與家事服務有關工作。 3.機構看護工作：在安養看護機構或醫院從事被收容之身心障礙者或病患之日常生活照顧等相關事務工作。 4.家庭看護工作：在家庭從事身心障礙者或病患之日常生活照顧相關事務工作。 5.外展看護工作：受僱主指派至外展看護服務契約履行地之家庭，從事身心障礙者或病患之日常生活照顧相關事務工作..........	第2~5條
聘請外國人家庭幫傭之雇主條件： 1.有3名以上之年齡6歲以下子女。 2.有4名以上之年齡12歲以下子女，且其中2名為年齡6歲以下。 3.累計點數滿16點	第12條

項目	法源
家庭看護工作，被看護者應具下列條件之一： 一、特定身心障礙重度等級項目之一者。 二、年齡未滿八十歲，經醫療機構以團隊方式所作專業評估，認定有<u>全日</u>照護需要者。 三、年齡滿八十歲以上，經醫療機構以團隊方式所作專業評估，認定有<u>嚴重</u>依賴照護需要者。 四、年齡滿八十五歲以上，經醫療機構以團隊方式所作專業評估，認定有<u>輕度</u>依賴照護需要者。	第18條
外國人受聘僱從事家庭看護工作，雇主與被看護者間應有下列親屬關係之一： 一、配偶。 二、直系血親。 三、三親等內之旁系血親。 四、一親等之姻親。 五、祖父母與孫媳婦或祖父母與孫女婿。	第21條
外國人受前條雇主聘僱從事家庭看護工作者，同一被看護者以一人為限。 但同一被看護者有下列情形之一者，得增加一人： 一、身心障礙手冊或證明記載為植物人。 二、經醫療專業診斷<u>巴氏量表評為零分</u>，且於六個月內病情無法改善。	第22條
外國人受聘僱從事廚師及其相關工作之人數如下： 一、受委託管理外國人 100 人以上未滿 200 人者，得聘僱廚師 2 人及其相關工作人員 1 人。 二、受委託管理外國人 200 人以上未滿 300 人，得聘僱廚師 3 人及其相關工作人員 2 人。 三、受委託管理外國人達 300 人以上，每增加管理外國人 100 人者，得聘僱廚師及其相關工作人員各 1 人。	第60條

法條摘錄：外國人工作資格及審查標準

第 20 條

外國人受聘僱從事........機構看護工作，其雇主應具下列條件之一：

一、收容養護中度以上身心障礙者、精神病患及失智症患者之長期照顧機構、養護機構、安養機構或財團法人社會福利機構。

二、護理之家機構、慢性醫院或設有慢性病床、呼吸照護病床之綜合醫院、醫院、專科醫院。

第 21 條

外國人受前條雇主聘僱從事機構看護工作之人數如下：

一、前條第一款之機構，以各機構實際收容人數每三人聘僱一人。

二、前條第二款之機構或醫院，以其依法登記之床位數每五床聘僱一人。

前項外國人人數，合計不得超過本國看護工之人數。

前項本國看護工人數之計算，應以申請招募許可當日參加勞工保險人數為準。

第 22 條

外國人受聘僱從事...家庭看護工作，其照顧之被看護者應具下列條件之一：

一、特定身心障礙重度等級項目之一者。

二、年齡未滿八十歲，經醫療機構以團隊方式所作專業評估，認定有全日照護需要者。

三、年齡滿八十歲以上，經醫療機構以團隊方式所作專業評估，認定有嚴重依賴照護需要者。

四、年齡滿八十五歲以上，經醫療機構以團隊方式所作專業評估，認定有輕度依賴照護需要者。

第 22-1 條
被看護者符合...適用情形之一者,雇主曾經中央主管機關核准聘僱外國人,申請重新招募許可時,被看護者得免經前條所定醫療機構之專業評估。

第 23 條
外國人受聘僱從事...之家庭看護工作,雇主與被看護者間應有下列親屬關係之一:
一、配偶。
二、直系血親。
三、三親等內之旁系血親。
四、一親等之姻親。
五、祖父母與孫媳婦或祖父母與孫女婿。
雇主或被看護者為外國人時,應經主管機關許可在我國居留。
被看護者在我國無親屬,或情況特殊經中央主管機關專案核定者,得由與被看護者無親屬關係之人擔任雇主或以被看護者為雇主申請聘僱外國人。
但以被看護者為雇主者,應指定具行為能力人於其無法履行雇主責任時,代為履行。

第 24 條
外國人受前條雇主聘僱從事家庭看護工作者,同一被看護者以一人為限。
但同一被看護者有下列情形之一者,得增加一人:
一、身心障礙手冊記載為植物人。
二、經醫療專業診斷巴氏量表評為零分,且於六個月內病情無法改善。

五、私立就業服務機構收費項目及金額標準

收費項目/委任人	求職人	企業雇主
登記費：登錄費用 介紹費：媒合費用	● 本國人≦5% x 第一個月薪資 ● 外國人≦第一個月薪資[22]	● (第一個月薪資＜平均薪資)≦第一個月薪資 ● (第一個月薪資≧平均薪資)≦4 x 第一個月薪資
職業心理測驗費	每項測驗≦700元	-
就業諮詢費	每小時≦1,000元 (鐘點費)	-
服務費(如接送費用)	● 外國人：每人每年≦2,000元 ● 外國人家庭幫傭看護等：第1年每月≦1,800元；第2年：1,700元；≧3年，1,500元。出國後再入國受僱於同一雇主：每月≦1,500元	每位員工每年≦2,000元

---

[22] 求職條件特殊經外國人同意者，不在此限。

六、主管機關審查費及證照費收費標準摘錄

收費項目/對象	申請人及繳款人[雇主]
聘僱/展延聘僱許可(專門技術性、老師)	500 元/每件
聘僱外國人從事其他特殊性質工作並經專案核定(如：中階技術工作)	300 元/每件
招募、轉換雇主或工作許可(幫傭、看護)	200 元/每件
引進/展延/遞補聘僱(幫傭、看護)	100 元/每件
變更看護及受照護人、變更工作場所	100 元/每件
申請補發，外國人聘僱申請審查費	100 元/每件
外國人申請工作許可審查費(繳款人：外國人)	100 元/每件

收費項目	[就業服務專業人員]
核發，換發或補發證書	400 元/每件
收費項目	[就業服務機構]
本國人力仲介設立許可	500 元/每件
外國人力仲介申請許可	2000 元/每件
申請許可證	2000 元/每件
換發/補發許可證	1000 元/每件
變更登記許可	250 元/每件

第三節 就服法各項監督與裁罰規範

裁罰事項與罰款為**必考重點**；依據罰款金額由高到低排列歸納如後，罰金部分大多為「1倍~5倍」規定。

罰金	事由

處新台幣30萬元以上150萬元以下罰鍰(就業服務法第65條)**(就業歧視、不實廣告、暴力侵犯、未經許可執業)**	● 予以就業歧視，違反就業公平
	● 雇主招募或僱用員工，不得有下列情事：
	  ✓ 為不實或違反規定之廣告或揭示
	  ✓ 仲介求職人從事違背公共秩序或善良風俗之工作。
	  ✓ 接受委任辦理聘僱外國人之申請許可、招募、引進或管理事項，提供不實資料或健康檢查檢體。
	  ✓ 辦理就業服務業務有恐嚇、詐欺、侵占或背信情事。
	  ✓ 對求職人有性侵害、人口販運、妨害自由、重傷害或殺人行為。
	● **未經許可，從事就業服務業務**
	● **未經許可執業而有違反廣告、不當資料或恐嚇等情事**

處新台幣15萬元以上75萬元以下罰鍰**(非法容留或聘僱外國人)**	● 任何人不得非法容留外國人從事工作。
	● 雇主聘僱外國人不得有下列情事：
	  ✓ 聘僱未經許可、許可失效或他人所申請聘僱之外國人。
	  ✓ 以本人名義聘僱外國人為他人工作。
	● 5年內再違反者，處3年以下有期徒刑、拘役或科或併科新台幣120萬元以下罰金。(就業服務法第63條)

罰金	事由
處新台幣 10 萬元以上 50 萬元以下罰鍰 (就業服務法第 64 條) **(非法媒介外國人工作)**	◉ 第 45 條 任何人不得媒介外國人非法為他人工作。 ◉ 五年內再違反者，處一年以下有期徒刑、拘役或科或併科新台幣六十萬元以下罰金。 ◉ 意圖營利而違反第 45 條規定者，處三年以下有期徒刑、拘役或科或併科新台幣一百二十萬元以下罰金。 ◉ 法人之代表人、法人或自然人之代理人、受僱人或其他從業人員，因執行業務違反規定者，除依前二項規定處罰其行為人外，對該法人或自然人亦科處各該項之罰鍰或罰金。
處新台幣 6 萬元以上 30 萬元以下罰鍰(就業服務法第 67 條) **(就業服務機構執行業務相關)**	◉ 違反求職人意思，留置其國民身分證、工作憑證或其他證明文件。 ◉ 扣留求職人財物或收取推介就業保證金。 ◉ 就業服務機構不得推介求職人至罷工或有勞資爭議之場所工作。 ◉ 私立就業服務機構應置符合規定資格及數額之就業服務專業人員。 ◉ 允許他人假藉本人名義從事就業服務業務或違法執行業務 ◉ 租借或轉租就業服務許可證或就業服務人員證書。 ◉ 私立就業服務機構應依規定備置及保存各項文件資料，於主管機關檢查時，不得規避、妨礙或拒絕。 ◉ 辦理仲介業務，未依規定與雇主或求職人簽訂書面契約。

	◉ 行求、期約或交付不正利益。
	◉ 違反雇主之意思，留置許可文件或其他相關文件。
	◉ 對主管機關規定之報表，未依規定填寫或填寫不實。
	◉ 提供職缺之經常性薪資未達新台幣 4 萬元而未公開揭示或告知其薪資範圍。
	◉ 未依規定辦理變更登記、停業申報或換發、補發證照。
	◉ 未依規定揭示私立就業服務機構許可證、收費項目及金額明細表、就業服務專業人員證書。
處新台幣 6萬元以上 30萬元以下罰鍰(就業服務法第 67 條)(就業服務機構執行業務相關)	◉ 經主管機關處分停止營業，其期限尚未屆滿即自行繼續營業。
	◉ 辦理就業服務業務，未善盡受任事務，致雇主違反就業服務法或依就業服務法所發布之命令。
	◉ 未依規定安排所聘僱之外國人接受健康檢查或未依規定將健康檢查結果函報衛生主管機關。
	◉ 非法扣留或侵占所聘僱外國人之護照、居留證件或財物。
	◉ 雇主規避、妨礙或拒絕主管機關、入出國管理機關、警察機關、海岸巡防機關或其他司法警察機關之檢查。
	◉ 知悉受聘僱外國人……性侵害、人口販運、妨害自由、重傷害或殺人行為，而未於二十四小時內向主管機關、入出國管理機關、警察機關或其他司法機關通報。
	◉ **其他違法執行業務**

罰金	違反事由
處新台幣 3 萬元以上 15 萬元以下罰鍰(就業服務法第 68 條) (雇主之法遵責任及求才資料之保存)	◉ 對雇主與求職人之資料,除推介就業之必要外,不得對外公開。 ◉ 接受委託登載或傳播求才廣告者,應自廣告之日起,保存委託者之姓名或名稱、住所、電話、國民身分證統一編號或事業登記字號等資料二個月。 ◉ 雇主資遣員工時,應於員工離職之 10 日前,將被資遣員工之姓名、性別、年齡、住址、電話、擔任工作、資遣事由及需否就業輔導等事項,列冊通報當地主管機關及公立就業服務機構。但其資遣係因天災、事變或其他不可抗力之情事所致者,應自被資遣員工離職之日起 3 日內為之。 ◉ 雇主指派所聘僱之外國人從事許可以外之工作。 ◉ 未經許可,雇主指派外國人從事工作之工作場所變更。 ◉ 受聘僱之外國人有連續曠職 3 日失去聯繫或聘僱關係終止之情事,雇主應於 3 日內以書面載明相關事項通知當地主管機關、入出國管理機關及警察機關。

罰金	事由
2~10 萬 (每人)	● 因聘僱外國人致生解僱或資遣本國勞工之結果，按被解僱或資遣之人數，每人處新臺幣二萬元以上十萬元以下罰鍰。
廢止其就業服務專業人員證書(就業服務法第 71 條)	● 允許他人假藉本人名義從事就業服務業務 ● 違反法令執行業務
<u>處 10 倍至 20 倍罰鍰</u> (就業服務法第 66 條)	● 要求、期約或收受規定標準以外之費用，或其他不正利益。 ● 按其要求、期約或收受超過規定標準之費用或其他不正利益相當之金額，<u>處 10 倍至 20 倍罰鍰</u>
廢止聘僱許可(就業服務法第 70 條) <u>**嚴重違法經營**</u>	● 私立就業服務機構辦理仲介外國人業務，應以公司型態組織。 ● 為不實或違反規定之廣告或揭示。 ● 仲介求職人從事違背公共秩序或善良風俗之工作。 ● 辦理就業服務業務有恐嚇、詐欺、侵占或背信情事。 ● 經主管機關處分停止營業，其期限尚未屆滿即自行繼續營業。 ● 對求職人或受聘僱外國人有性侵害、人口販運、妨害自由、重傷害或殺人行為。 ● 一年內受停業處分二次以上。

罰金	事由
一年以下停業處分 (就業服務法第 69 條) **嚴重違法經營**	以下任一情況，須受一年以下停業處分： ● **同一事由**，受罰鍰處分三次，仍未改善 ● **一年內**受罰鍰處分四次以上 ● 違反以下規範： 　■ 任何人不得媒介外國人非法為他人工作。 　■ 扣留求職人財物或收取推介就業保證金。 　■ 要求、期約或收受規定標準以外之費用，或其他不正利益。 ● 接受委任辦理聘僱外國人之申請許可、招募、引進或管理事項，提供不實資料或健康檢查檢體。
廢止**外國人**之聘僱許可 (就業服務法第 73 條) **外國人嚴重違規**	雇主聘僱之外國人，有下列情事之一者： ● 為申請許可以外之雇主工作。 ● 非依雇主指派即自行從事許可以外之工作。 ● 連續曠職三日失去聯繫或聘僱關係終止。 ● 拒絕接受健康檢查、提供不實檢體、檢查不合格、身心狀況無法勝任。 ● 罹患經中央衛生主管機關指定之傳染病。 ● 依規定應提供資料，拒絕提供或提供不實。違反其他中華民國法令，情節重大。

第四節 個人資料保護法及其他

一、個人資料保護法要點：

項目	法源
非公務機關保有個人資料檔案者，應採行適當之安全措施，防止個人資料被竊取、竄改、毀損、滅失或洩漏。 中央目的事業主管機關得指定非公務機關訂定個人資料檔案安全維護計畫或業務終止後個人資料處理方法。	第27條
非公務機關及公務機關未採取適當安全措施，造成資料被竊取、竄改、毀損、滅失或洩漏之處罰： ■ 每人每件：500元-2萬 ■ 同一原因事實之最高賠償責任以2億為限 ■ 非公務機關及公務機關違反個資法規定，致個人資料遭不法蒐集、處理、利用或其他侵害當事人權利者，負損害賠償責任。但損害因天災、事變或其他不可抗力所致者，不在此限。 ■ 被害人雖非財產上之損害，亦得請求賠償相當之金額；其名譽被侵害者，並得請求為回復名譽之適當處分。 ■ 如被害人不易或不能證明其實際損害額時，得請求法院依侵害情節，以每人每一事件新台幣五百元以上二萬元以下計算。 ■ 對於同一原因事實造成多數當事人權利受侵害之事件，經當事人請求損害賠償者，其合計最高總額以新台幣二億元為限。但因該原因事實所涉利益超過新台幣二億元者，以該所涉利益為限。	第28條及29條

項目	法源
意圖為自己或第三人不法之利益或損害他人利益，進行個人資料檔案之非法變更或刪除等之罰則： 5 年以下有期徒刑、拘役或 100 萬元以下罰金	第 42 條
非公務機關對個人資料之蒐集或電腦處理，應有特定目的，並符合下列情形之一者： 1.法律明文規定。 2.與當事人有契約或類似契約之關係，且已採取適當之安全措施。 3.當事人自行公開或其他以合法公開之個人資料。 4.經當事人同意。 5.為增進公共利益所必要。 6.對當事人權益無侵害。 7.其他：學術研究且已去識別化等。 8.對當事人權益無侵害。	第 19 條
個資法之損害賠償請求權： 1.自請求權人知有損害及賠償義務人時起，因 2 年間不行使而消滅。 2.自損害發生時起，逾 5 年者，亦同。	第 30 條

二、身心障礙者權益保障法(就業促進)重要規範

1. 主管機關：在中央為衛生福利部；在直轄市為直轄市政府；在縣（市）為縣（市）政府。

2. 主管機關：負責身心障礙者人格維護、經濟安全、照顧支持與獨立生活機會等相關權益之規劃、推動及監督等事項。

3. 衛生主管機關：負責身心障礙者之鑑定、保健醫療、醫療復健與輔具研發等相關權益之規劃、推動及監督等事項。

4. 勞工主管機關：身心障礙者之職業重建、就業促進與保障、勞動權益與職場安全衛生等相關權益之規劃、推動及監督等事項。

5. 各級勞工主管機關應參考身心障礙者之就業意願，由職業重建個案管理員評估其能力與需求，訂定適切之個別化職業重建服務計畫，並結合相關資源，提供職業重建服務，必要時得委託民間團體辦理。

6. 職業重建服務包括職業重建個案管理服務、職業輔導評量、職業訓練、就業服務、職務再設計、創業輔導及其他職業重建服務。

7. 各級政府機關、公立學校及公營事業機構員工總人數在 34 人以上者，進用具有就業能力之身心障礙者人數，不得低於員工總人數 3%。

8. 私立學校、團體及民營事業機構員工總人數在 67 人以上者，進用具有就業能力之身心障礙者人數，不得低於員工總人數 1%，且不得少於 1 人。

9. 為促進身心障礙者就業，直轄市、縣（市）勞工主管機關應設身心障礙者就業基金；其收支、保管及運用辦法，由直轄市、縣（市）勞工主管機關定之。

10. 各級主管機關應定期輔導、查核及評鑑身心障礙福利機構，其輔導、查核及改善情形應納入評鑑指標項目，其評鑑結果應分為以下等第：優等、甲等、乙等、丙等、丁等。

11. 機構經評鑑成績優等及甲等者，應予獎勵；經評鑑成績為丙等及丁等者，主管機關應輔導其改善。

參考：勞資爭議法律及生活費用扶助辦法
(民國 111 年 04 月 29 日修正)
第 3 條
勞工因下列情形之一，經主管機關調解不成立而向法院聲請勞動調解或起訴，且非屬有資力者，得申請法律及生活費用之扶助：
一、與雇主發生勞動基準法終止勞動契約、積欠資遣費或退休金之爭議。….

第五節 考試要點與模擬考題

一、考試要點

1. 依據性別工作平等法，員工懷孕(妊娠)期間，雇主應給予產檢假 5 日。

2. 依據身心障礙者權益保障法，醫療機構、民用航空站或車站等地方，不能提供非視覺障礙者從事按摩相關工作，僅能提供予視覺障礙者。

3. 依據身心障礙者權益保障法，各級政府機關應該每年向民意機關(例如：市議會)呈報身心障礙者權益保障執行情形。

4. 就業服務人員必備的知識運用及專業倫理道德包含諸如尊重但不侵犯求職者權益、儘量對求職者做出正確的判斷、增加求職者的適應能力等。

   *不包含影響或介入求職者的選擇。

5. 依據就業服務機構收費項目及金額標準，私立就業服務機構推介外籍看護工工作時，每月得收取服務費：第 1 年每月服務費金額不得超過 1,800 元。第 2 年每月服務費金額不得超過 1,700 元。第 3 年每月服務費金額不得超過 1,500 元。

6. 依據就業保險的職業訓練及訓練經費管理運用辦法，訓練費用補助規範如下：

   ◇ 每一位學員 3 年內最高補助 7 萬元。

   ◇ 最高得補助學員學員 80%的訓練費用。

   ◇ 針對特定對象的失業者，得補助全額訓練費用。

   ◇ 實際參訓時數必須達到 80%，才能獲得補助。

7. 參訓學員中途退訓時，委託或補助訓練單位之費用，其核發標準如下：

   ◇ 實際參訓時數未達應參訓總時數四分之一者，不予核發。

✧ 實際參訓時數達應參訓總時數四分之一以上，未達二分之一者，核發半數。

✧ 實際參訓時數達應參訓總時數二分之一以上者，全額核發。

✧ 參訓學員取得結訓證書或學分證明，且缺課時數未超過總訓練時數五分之一，始得申請訓練補助費補助。

8. 依據性別工作平等法規定，雇主不得因為員工提出申訴或協助他人申訴，而予以解僱、調職或其他不利的處分。

9. 雇主或企業不得因為員工的性別或性傾向，而在舉辦教育訓練或其他類似活動或各項福利措施時，給予差別待遇。不包含基於績效之薪資給付、工作性質等。

10. 依據職業訓練法規定，職訓機構辦理不善或違反法令或許可條件者，主管機關得視情節予以限期改善、警告或停訓整頓。

    *不包含罰鍰。

11. 依據就業服務法，私立就服機構得辦理以下業務：
    ✧ 接受委任招募員工
    ✧ 職業介紹或人力仲介業務
    ✧ 協助提供就業資訊或職業心理測驗
    ✧ 不包含代購機票、協助辦理旅遊活動或貸款。

12. 外國人受僱從事專門性及技術性工作，應符合以下資格之一：
    ✧ 服務於跨國企業滿一年經公司指派來我國任職者。
    ✧ 依專門職業及技術人員考試法規取得證書資格。
    ✧ 取得國內外大學相關系所碩士以上學位或相關學士學位且有 2 年相關經驗
    ✧ 不含：經專業訓練或自力學習，有 2 年相關經驗且有創見及特殊表現。

13. 每月就業安定費：
 ✧ 家庭幫傭：國內 5,000 元；外國：10,000 元
 ✧ 看護工(一般身分之被看護人)：國外 2,000 元
 ✧ 一般製造業：國外 2,000 元
14. 企業聘僱外國人從事製作工作，需檢附經直轄市或縣市政府開具無違反勞動法規之證明書。
15. 為落實吹哨者保護，實施勞動檢查時，也不得告知企業有關勞工申訴人身分。
16. 特別針對職業領域的人員制定的道德規範稱為職業倫理。
17. 依據就業服務法，民眾遭遇不實求才廣告，得舉證向直轄市或縣市政府提出檢舉或申訴。
18. 若小莉被公司錄取模特兒工作，但卻被安排到客戶公司表演脫衣秀，若向主管機關檢舉，該公司應處以 30 萬 ~150 萬元罰鍰。
19. 公立就業服務機構應該每週以公開會議協調方式，辦理接續聘僱外國勞工作業。
20. 勞資爭議在調解、仲裁或裁決期間，資方不得因該勞資爭議事件而歇業、停工、終止勞動契約或為其他不利於勞工之行為；勞方不得因該勞資爭議事件而罷工或為其他爭議行為。
21. 迴歸分析可以作為預測解釋力的統計方法。

二、模擬考題

1. 下列何者不是就業服務人員可以運用社會資源的主要方式？
   1. 評定
   2. 規劃
   3. 發掘
   4. 購買

● 解答：4

2. 依據就業服務法，雇主申請聘僱外國人從事指定工作之招募或轉換雇主許可，需要繳納審查費多少錢？
   1. 100 元
   2. 200 元
   3. 500 元
   4. 1000 元

● 解答：2

3. 依據就業服務法規，若聘僱外國人之原雇主死亡，申請人與原被看護者為直系血親者，應該在事由發生日起幾日內，向主管機關申請接續聘僱外國人？
   1. 7 日內
   2. 30 日內
   3. 60 日內
   4. 45 日內

● 解答：3

4. 依據就業服務法規範，雇主招募或僱用勞工，若有不實的廣告，應處多少錢的罰鍰？
   1. 6 萬~30 萬
   2. 50 萬~250 萬
   3. 30 萬~150 萬
   4. 15 萬~75 萬
   5. 100 萬~500 萬

● 解答：3

5. 受聘僱外國人入國工作滿半年，經定期健康檢查發現罹患痢疾陽性者，經過 65 日內再檢查至少達幾次均為陰性時，才能視為合格？
   1. 1 次
   2. 3 次
   3. 2 次
   4. 5 次

● 解答：2

6. 依據私立就業服務機構之收費項目及金額標準規定，接受本國求職人委任辦理就業服務業務，收取的登記費及介紹費合計不得超過求職人薪資的多少比率？
   1. 10%
   2. 100%
   3. 5%
   4. 20%

◉ 解答：3

7. 雇主招募本國勞工，若有招募不足情形者，在招募期滿次日起幾天內，得檢附資料文件，向公立就業服務機構申請求才證明書後，申請聘僱外籍勞工？
   1. 30 日
   2. 15 日
   3. 7 日
   4. 60 日

◉ 解答：2

8. 就業服務人員應具備哪些能力？
   1. 一般諮商能力
   2. 法規訂定能力
   3. 管理與行政能力
   4. 資訊處理能力

◉ 解答：1、3、4

9.　關於政府採購人員行為準則之敘述，下列何者正確？
　　1.　媒介親友至廠商任職
　　2.　向廠商借錢
　　3.　向廠商要求額外服務
　　4.　偶發地收取廠商致贈之廣告物、紀念品或促銷品而且價值在 500 元以下

●　　解答：4

10.　因故意或過失不法侵害他人之營業秘密者，須負擔損害賠償責任。但請求權人應該在知悉行為及賠償義務人時起，幾年內求償？
　　1.　1 年
　　2.　2 年
　　3.　5 年
　　4.　10 年

●　　解答：2

11.　依據身心障礙者權益保障法，下列何者是縣市政府勞工機關應推動法定機構？
　　1.職業訓練機構
　　2.就業服務機構
　　3.庇護工場
　　4.職業重建服務機構

●　　解答：(1,2,3)

- 身心障礙福利機構得依各目的事業主管機關相關法規規定辦理身心障礙者職業訓練、就業服務、庇護工場、早期療育、醫療復健及照護等業務。
- 實務上,許多機構也自行設立職業重建單位,但須視個案之情況而定。

12. 依據性別工作平等法規定,雇主不能因為員工提起申訴或協助他人申訴,而有下列的行為?

　　1.處分

　　2.調職

　　3.解雇

　　4.升遷

- 解答:(1,2,3)
- 升遷是好事,所以當然可以。

13. 依據職災保險及保護法規定,勞工遭遇職業傷病而產生失能或死亡,勞工或遺屬可申請那些額外津貼補助?

　　1.照護補助

　　2.失能補助

　　3.死亡補助

　　4.租屋補助

- 解答:(1,2,3)

*直接給現金補助,沒有租屋補助。

14. 請任舉 8 項就業服務法規範就業服務人員的職業倫理規範限制？

參考解答：

1. 允許他人假藉本人名義從事就業服務業務。
2. 違反法令執行業務。
3. 辦理仲介業務，未依規定與雇主或求職人簽訂書面契約。
4. 為不實或違反就業平等之廣告或揭示。
5. 違反求職人意思，留置其國民身分證、工作憑證或其他證明文件。
6. 扣留求職人財物或收取推介就業保證金。
7. 要求、期約或收受規定標準以外之費用，或其他不正利益。
8. 仲介求職人從事違背公共秩序或善良風俗之工作。

15. **小莉在 A 公司工作了五年，最近因故失業了，她希望運用政府提供的就業資源來幫助自己度過此一失業危機。請列出政府對失業者提供的相關就業促進的措施或津貼協助，任舉 5 項。**

參考解答：

1. 求職交通補助金。
2. 臨時工作津貼。
3. 職業訓練生活津貼。
4. 創業貸款利息補貼。
5. 失業保險給付。

就業服務、勞工社保與職涯輔導要點

第六章 招募就業媒合及職涯測驗輔導要點

- 求職履歷表應該採功能性還是時序性撰寫？
- 我適合哪種類型的工作？
- 我適合評量哪一種心理測驗？
- 跟求職者面談時，我需要留意哪些事項？
- 依據 Holland 的六項專長分類，哪一項專長適合擔任業務人員？
- 諮商有哪些技巧？哪些理論？

第六章 招募就業媒合及職涯測驗輔導要點

第一節 求職統計與求職須知

一、就業者身分分類

　　根據行政院主計總處的分類標準，我國就業者依其從業身分可分為以下四類：

1.雇主：指自己經營或合夥經營事業而僱有他人幫助工作之就業者。

2.自營作業者：指自己經營或合夥經營事業而未僱有他人之就業者。

3.受僱者：指為薪資或其他經濟報酬而受僱者，並分為受私人僱用者及受政府僱用者二類。

4.無酬家屬工作者：指與戶長或其他家屬從事營利工作而不支領薪資之就業者。

二、勞動統計與相關名詞[23]

1.人力資源調查統計-年報：提供台灣勞動人口數量、性別、婚姻、教育程度、失業、就業、行業、職業、地區別等各面向之統計年報。

2.勞動力參與率＝(勞動力／15歲以上民間人口)x 100%： 在15歲以上民間人口中有參與勞動的比率。近年台灣的勞動參與率約為60%。另外，就台灣勞動參與現況來說，男性的勞動參與率較高，約為67%；女性則僅約51%。

---

[23]資料來源：勞動部，勞動統計查詢網、勞動部網站統計名詞資訊

3.失業率=(全年平均失業人口／全年平均勞動力)x 100%。
　近年台灣的失業率約為 3.5~4%。

4.失業人口：年滿 15 歲同時具有下列條件者：**(1)無工作；**
　(2)隨時可以工作；(3)正在尋找工作或已找工作在等待結
　果。

5.初次尋職失業者：從學校畢業，未曾工作不具工作經驗
　之求職者。

6.非初次尋職失業者：指曾經就業具有工作經驗之求職
　者。

7.長期失業者：指失業期間達 1 年（或 53 週）以上之失業
　者。

8.非勞動力：年滿 15 歲不屬於勞動力之民間人口，包括就
　學、家庭主婦、高齡、身心障礙、想工作而未找工作及
　其他原因等而未找工作者。

9.從事非典型工作者（部分時間、臨時性或人力派遣）近
　年約有 80.5 萬~81.5 萬人。

三、就業陷阱與社會資源

(一)就業陷阱：

1.不明確載明公司的名稱、地址、電話及聯絡人。

2.業務性質或工作內容，語焉不詳或交代模糊。

3.徵求的職位沒有資格條件的限制，或條件過於寬鬆，而
　且需求眾多。

4.應徵的職稱眾多，但卻含糊，例如儲備幹部、兼職助
　理。

5.不可思議的高薪或高福利。例如月入數十萬，可免費借
　貸、無經驗皆可等。

6.需要額外繳納費用或提供個人生活照。

(二)就業須知：

1.留意假藉徵才銷售產品或服務。

2.留意假藉徵才誘使加入直銷或加盟。

3.留意假藉徵才誘使求職者投資或參與課程/活動。

4.留意假藉徵才誘使求職者繳納保證金或盜取個資或謀財騙色。

5.應徵當天堅守不繳費、不購買任何產品、不當場辦理卡片、不交付任何證件、不隨便飲食等。

(三)社會資源又分為非正式社會資源與正式社會資源。

1.非正式或機構外的社會資源：同學、師長、親友、鄰居、同事間的情緒支持。

2.正式社會資源：涵蓋政府機構對於失業者、家庭、兒童、身心障礙、中高齡、失業、家暴、少數族群、新移民等的社會救助與支持，例如：各縣市政府社會局、衛生局、勞工局、勞工服務中心、公立就業服務中心。

3.機構團體的社會資源：例如機關團體的社會資源，例如：生命線、張老師等社會資源。

四、行業與職業分類[24]

(一)專業人員：

✓　醫師

✓　律師及法務人員(視工作內容而定)

✓　會計師及其助理(視工作內容而定)

✓　工程師

✓　護理師

---

[24]資料來源：勞動部，勞動統計查詢網及勞動部網站統計名詞資訊

- ✓ 營養師
- ✓ 法官、檢察官
- ✓ 企劃人員
- ✓ 公關人員
- ✓ 資訊人員
- ✓ 記者
- ✓ 人事事務人員

(二)技術員及助理專業人員：
- ✓ 建築土木工程師及技術員
- ✓ 繪圖員
- ✓ 電機技術員
- ✓ 航空駕駛員
- ✓ 理財專員與證券營業員
- ✓ 保險代理人與保險業務員
- ✓ 秘書
- ✓ 代書
- ✓ 律師及法務人員(視工作內容而定)
- ✓ 會計師及其助理(視工作內容而定)
- ✓ 醫療設備控制技術員
- ✓ 醫學及病理檢驗人員
- ✓ 物理及復健治療師
- ✓ 社會工作人員

(三)事務支援人員：
- ✓ 一般辦公室人員
- ✓ 銀行郵局櫃台事務人員
- ✓ 旅行社事務人員、導遊、領隊
- ✓ 會計出納人員
- ✓ 郵件投遞人員

(四)服務及銷售工作人員：
- ✓ 廚師、餐飲服務人員
- ✓ 商店銷售人員
- ✓ 保母
- ✓ 空服員
- ✓ 美髮美容人員
- ✓ 健康照顧人員
- ✓ 看護人員
- ✓ 保全人員

(五)技藝、機械設備操作及組裝人員：
- ✓ 空調冷凍機械維修
- ✓ 油漆、噴漆、焊接人員
- ✓ 模具工、汽車維修人員
- ✓ 水電工
- ✓ 印刷人員
- ✓ 電話/電子設備裝修
- ✓ 駕駛人員

(六)基層技術工及勞力工：
- ✓ 清潔人員
- ✓ 送貨理貨人員
- ✓ 抄表員

(七)職業分類個案要點

1.行業分類：
- ◇ 行業：產業別，例如銀行業、製造業、電子業...
- ◇ 人力仲介業：屬於支援服務業
- ◇ 人力派遣業：屬於人力供應業

◇ 民宿：屬於住宿及餐飲業
◇ 果菜市場：屬於批發及零售業

2.職業分析

可區分為工作分析及從業人員分析應具備的資格條件分析，可參考工作說明書與工作規範。

◇ 職業：職務或工作，例如：稽核、廠長、作業員、業務員、專業人員、行政及銷售人員等。
◇ 銀行櫃員屬於(顧客服務)事務支援人員
◇ 就業服務人員屬於技術員及助理人員(社會工作人員)或專業人員(人事事務人員)。
◇ 從事一般企業會計事務，職業屬於事務支援人員。會計師事務所及其會計助理工作，則屬於專業人員或技術員及助理專業人員(視實際工作內容而定)。
◇ 醫院行政人員：屬於事務支援人員(比照辦公室人員)。
◇ 陪病人員：服務及銷售工作人員(因為主要工作為餵食、更換床單、盥洗、攙扶、購物等生活起居照顧；比照看護人員)。

五、就業統計與景氣數據指標

1.**求供倍數＝(登記求才人數/登記求職人數)x100%**，指每一位求職者有幾個工作機會。求供倍數可作為公立就業服務機構辦理就業服務的服務指標之一。例如：公立就服機構之求供倍數約為 1.6 倍(近年數據)；代表平均每位求職人擁有 1.6 個求才職缺。

2.求職就業率＝(求職推介就業人數/登記求職人數)x100%，比率愈高愈好。例如：近年公立就服機構之求職就業率約為71%；代表平均每位求職人能夠成功就業的比率約為71%。

3.求才利用率＝求才僱用人數/登記求才人數 x100%，比率愈高愈好。例如：近年公立就服機構之求才利用率約為60%；代表企業能夠成功找到人才的比率約為60%。

4.景氣對策信號：

　　行政院主計總處景氣對策信號亦稱「景氣燈號」，係以類似交通號誌方式的5種不同信號燈代表景氣狀況的一種指標，由貨幣總計數變動率等多項指標構成。景氣對策信號各燈號之解讀意義如下(參主計總處網站資訊)：

◉ **景氣燈號亮出紅燈、代表「景氣過熱」。**

◉ 　黃紅燈代表「景氣趨熱」。

◉ 　綠燈代表「景氣穩定」。

◉ 　黃藍燈為「景氣趨弱」

◉ **藍燈代表「景氣低迷」。**

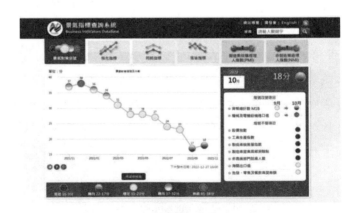

第一節 職業心理分析學說與要點

一、Holland 六類人格類型

理論	摘要
Holland 何倫	將人們的專長能力類別區分為六類人格類型： 1. R (實用型/**Realistic**)：喜歡實作、技能良好 ● 情緒穩定、個性坦誠，較偏好實作執行。 ● 喜歡從事明確工作，完成實用的物品。 ● 適合職業：喜歡從事電子電機機械、土木建築、農業等工作；諸如：水電師傅、工程師、技師、建築師傅、生產作業專業人員、烹飪廚師等。 2. I (研究型/ **Investigative**)：喜歡追根究底。 ● 善於觀察思考，喜歡分析推理研究並追根究底；但相對上較不善於交際應酬。 ● 適合職業：喜歡從事天文生物化學、醫藥醫療、數學統計、資訊科技、學術研究等相關工作，例如：研究人員、研發人員、實驗室人員、工程師、數理學家等。 3. A (藝術型/創作型 **Artistic**)：喜歡具有創意的工作內容或活動。 ● 喜歡創新時髦美感，具有創造力及藝術美術或創作天分。 ● 較偏好獨立表演或創作工作，具有繪畫構圖、美編設計、舞蹈戲劇、綜藝表演音樂或文創寫作等能力。

	● 適合職業：美術設計美編人員、音樂家、戲劇創作人及表演人、服裝設計、文創工作或藝術創作、畫家等。
	4. S (社會型/社交型 **Social**)：喜歡鼓勵、教導與協助他人。
Holland **何倫**	● 對人親切和善，關心別人，樂於助人、喜歡教導協助他人、交友廣闊。
	● 適合職業：教師、諮商輔導人員、社工人員、醫療照護或護理人員、宗教服務等相關工作。
	5.B(企業型/商業型 **Business, Enterprise**)：喜歡領導及影響他人。
	● 行動力強、決策決定較為迅速，但通常較不重視細節。
	● 口才良好，具有說服力和組織能力，希望受人尊重肯定並成為公眾知名人物。
	● 適合職業：經理人、管理階層、司法、政治人物、律師及銷售專業人員等。
	6. C (事務型/傳統型 **Conventional**)：喜歡從事井然有序的工作內容。
	● 事務型的人個性謹慎、按部就班，重視規範及要求精確度，喜歡從事詳細具體規範工作。
	● 著重穩健，較不喜歡變革改變或承擔過高風險、也不喜歡領導。
	● 適合工作：銀行櫃員、會計記帳、出納、秘書、總務行政等相關工作。

範例分享 1：

✓ 實用型的人格特質與社會型的一致性最低。

✓ 每個人皆身兼多元角色職務及具備多元人格專長，例如：

■ 身兼企業主管及業務人員(B, S)

■ 具備繪畫興趣(A)

■ 擔任網路烹飪或教練或創作分享版主(R, A)

■ 父母親或教師(S, I)

■ 做家事(C, I)

■ 司機(R)

✓ **範例分享 2：職能的冰山理論(Spencer)**

■ 水平面以上的冰山(看得到的)：知識與技能

■ 水平面以下的冰山：動機、特質、自我概念

145

二、職涯與諮商心理學理論與學者

理論	摘要
生涯發展理論 Donald Super (Super 舒波)	● 認為一個人終身是由一連串有酬或無酬職位組合而成。 ● 強調每個人生命發展過程包含四個主要人生劇場。除了家庭外,還包含工作場所、社會與學校。 1. 成長期 0-14 歲 2. 探索期 15-24 歲 3. 就業期 25-44 歲 4. 維持期(守成期) 45-64 歲 5. 退休期 65 歲以後 ● Super 的生涯彩虹圖涵蓋外圈的生涯發展階段以及內圈的多元角色。
社會交換理論 Peter Blau	● 結合心理學、人類學及經濟學的理論。 ● 常以懲罰獎勵或利潤成本概念解釋人類行為。
Schachter (沙克特) 親和需求理論	● 提到人們害怕孤獨或被孤立,喜歡與人為伍。
Tiedeman & O'Hara 生涯決定發展模式	● 提出生涯包含預期階段與實踐階段。預期階段包含探索、具體化、選擇與澄清等

理論	摘要
Johari Window Theory (周哈里視窗理論)	● 周哈里視窗理論顯示自己是否瞭解自己以及他人是否瞭解自己的狀況；因而構成了四個象限：公眾區(開放自我)、私密區(隱藏自我)、盲目區(盲目自我)或未知區(未知自我)。 ● 例如：自己不知道自己的緊張小動作，但是朋友們卻觀察到，屬於盲目自我(盲目區)。

別人／自己	自己知道	自己不知道
別人知道	開放自我 (公眾區)	盲目自我 (盲目區)
別人不知道	隱藏自我 (私密區)	未知自我 (未知區)

理論	摘要
Gordan 戈登	● 提出許多溝通障礙項目，例如：「放心，不會有事的」是屬於溝通過程中誤用保證方式。 ● 認為溝通存在以下的障礙： ■ 誤用保證 ■ 固守成見 ■ 命令 ■ 威脅 ■ 說教 ■ 評價性讚美 ■ 忠告 ■ 做邏輯論證 ■ 診斷&專家模樣 ■ 批評
Lent, **Brown &** **Hackett** 蘭特、布朗、海克凱特	● 將社會認知生涯理論的內涵區分為三個分段，分別為興趣發展模式、職業選擇模式、表現及成果模式。
理性情緒治療 **Albert** **Ellis** 艾利斯	● 認為因為非理性想法而衍生許多問題，因此透過教育指導、技能的訓練、作業的完成等進行辨別與改善。 ● 理性情緒行為學派主張協助求職者檢核與駁斥不合理信念，以及重新建立合理信念，以調整求職過程的挫折。

理論	摘要
Loewenberg & Dolgoff	● 提出處理相互矛盾或衝突的倫理規範時，優先順序如下： 1. 保護生命 2. 差別平等 3. 自主自由 4. 最小傷害 5. 生活品質 6. 隱私保密 7. 真誠
特質因素論 Frank Parsons & Williamson	● 個人必須了解自己想要從事的職務內容。 ● 必須了解個人與職務的適合度。 ● Williamson：分析、綜合比較、診斷、預測、諮商處理與追蹤等步驟。
Krumboltz **(Social-Learning Theory)** 社會學習理論	● Krumboltz 提出影響每一個人的生涯選擇，主要包含以下四項要素： 1. 遺傳與天賦：例如性別、體力、外貌、特殊才藝等。 2. 環境因素或特殊事件：社會環境變遷、成長歷程事件。 3. 學習經驗：過去的學習成果與歷練。 4. 任務取向技巧：工作習慣、工作價值觀、情緒管理與溝通。 ● Krumboltz 指出，把握偶發事件(chance / events)，或是學會處理生命中的意外事件，是極為重要的能力。 ● 依據研究發現，偶發性事件常發生，可能改變了許多人們的生涯之路。

理論	摘要
人格理論 諮商法 Alfred Adler 阿德勒	● 認為個人在家庭的出生排序與家庭關係，會影響未來的人際互動。 ● 認為當事人所遭遇的困難，主要來自於錯誤的生活模式。 ● 應透過與對方面對面溝通分析，鼓勵當事人解決問題並擁有勇氣去改變心態。
Carl Rogers 羅吉斯	● 當事人中心治療法(人本主義心理學)：Rogers 為主要代表學者。 ● 強調人有社交關懷、受尊重與自我實現等需求。 ● 強調以當事人為主軸之治療模式，也就是協助當事人自己找到解決問題的方法。
Piaget 皮亞傑 認知發展論	● 強調生涯是一個學習的過程，通常經歷三個主要階段：調適、同化、平衡。 ● 協助改正對於人事物之不合理的觀念，達到認知重新組合之調整效果。
劇場理論	● 提出「前台」與「後台」的概念。 ● 前台：指人際面對面或互動的公眾舞台。 ● 後台：私下的個人生活空間。 ● 劇場理論的前台，也可以延伸包含網路前台或傳統人際面對面的公眾前台。

理論	摘要
Abraham Maslow 需求層次理論	● Maslow 為個人(當事人)中心治療法主要代表學者之一。 ● Maslow 提出全球知名的五階層需求層次理論，並廣泛運用於企業管理與商學理論。五大需求依序如下： 　■ 生理需求 　■ 安全需求 　■ 社會需求 　■ 尊重需求 　■ 自我實現需求
生涯建構理論 (Career Construction theory) **Mark Savickas**	生涯諮商五大步驟： ● 用心聆聽當事人的談話並了解主題 ● 反映給當事人進一步思索該主題 ● 探索生涯困境與主題的關聯 ● 嘗試將主題延伸到未來 ● 發展並練習所需具備的技巧
金樹人	● 佛教四諦：苦集滅道 ● 提出消除痛苦的修練指的是佛教四諦的「道」[25]

資料來源：修訂摘錄自歷屆試題、勞動部網站、Darley, Glucksberg, Kinchla 原著，楊語芸譯(87)；Gerald Corey 原著，李茂興譯(83)；金樹人(87)；管秋雄(94)；陳皎眉(93)；金樹人、張德聰與黃素菲(107)。

---

[25]佛光小辭典，人生在世集合眾多之痛苦，透過消除苦難與勤修戒定慧等修行(修練)尋求解脫。

三、各學派心理治療分析歸納比較

學派	代表人物	理念與技術
心理分析治療法	Sigmund Freud 佛洛伊德	透過心理分析,讓當事人領悟潛在的原因,以解決內心的衝突焦慮。
理性情緒治療法	Albert Ellis 艾利斯(艾理斯)	協助當事人檢核與駁斥不合理信念,以及重新建立合理的人生觀,以調整適應挫折或困擾。
人格理論諮商法	Alfred Adler 阿德勒	● 認為當事人所遭遇的困難,主要來自於錯誤的生活模式。 ● 應透過與對方面對面溝通分析,鼓勵當事人解決問題並擁有勇氣去改變心態。
個人中心治療法(個人中心諮商法)	Carl Rogers 羅傑斯、Maslow 馬斯洛	● 強調生涯諮商關係應該雙方面相互尊重,協助當事人更了解自己並發揮自己的功能,實現自我。 ● 強調同理心與尊重當事人。
完形諮商(治療)法	Fritz Perls 波爾斯(皮爾斯)	● 將當事人視作不可分割的完整形體。 ● 協助當事人以[現在]為中心,進行個人觀念、情緒與行為的統整。
認知治療法	Aaron Beck (貝克)	● 強調應該改變人們錯誤的認知與錯誤想法。

學派	代表人物	理念與技術
現實治療法	William Glasser 葛雷瑟(葛拉塞)	● 協助當事人依據其自身需求目標(生存、歸屬、權力、歡樂及自由),做出適當的行為選擇。 ● 強調"當下",個人有選擇的權利,也須為自己的選擇負責。
存在主義諮商(治療)法	Viktor Frank 法蘭克、 Irvin D. Yalom 亞隆	● 協助當事人了解人生的意義與價值,懂得為何而活著。 ● 諮商目標為協助當事人追尋生命的意義。
溝通分析諮商(治療)法	Eric Berne 伯尼(伯恩)	● 協助當事人了解自己的優缺點並與他人進行有效的溝通。 ● 協助當事人減少不當行為,創造更有意義的人生。
行為學派諮商法	B. Skinner (史金納); Albert Bandura (班度拉)	● Bandura 提出社會認知理論,強調認知與情感的關係。 ● 協助當事人處理困擾及了解可能的選擇。
家族治療	Satir(薩提爾) Bowen(伯恩)	● 薩提爾將心理治療擴大為自我成長的過程。提出責備型、討好型、超理智、打岔型等溝通方式;並藉由冰山觀點,強調內在與外在一致化的重要性。

> ● 伯恩著重家庭中的成員透過調整自我，降低困擾與焦慮並改變自己。

參考資料來源：修訂摘錄自金樹人、張德聰與黃素菲(107)及 Gerald Corey 原著，李茂興譯(83)；金樹人(87)；管秋雄(94)；陳皎眉(93)、歷屆考題等。

第三節 職業心理測驗與就業媒合

一、職業心理測驗要點

1. 心理測驗，可概分為主觀直覺的判斷與客觀科學測驗二類：
(1) 主觀直覺訊息判斷包含西洋星座、血型或生肖等判斷。
(2) 客觀科學測驗則透過職業興趣與成就量表等測驗判斷。

2. 職業心理測驗依據受測對象之人數區分，可區分為針對個人(個別)或團體進行測驗。
(1) 個別進行之心理測驗：以每一個人為測驗對象。
(2) 團體進行之心理測驗：同時針對多數人為測驗對象。

3. 心理測驗依據受測對象是否具有工作經驗區分，可分為適合社會新鮮人及已有工作經驗的求職者的心理測驗。
(1) 社會新鮮人初步了解自己的職業興趣：我喜歡做的事測驗。所以小明高中剛畢業，想要確定自己的職業興趣，最適合他的職業心理測驗為「我喜歡做的事」。
(2) 已有工作經驗的進階心理測驗：工作價值觀測驗、職業性向測驗與工作氣質測驗。

4.心理測驗依據測驗項目類別可區分如下：

(1)個人認知能力之測驗：包含學習成果測驗、性向測驗或智力測驗，但不包含興趣測驗。

● 智力測驗：記憶、觀察、數學推理等一般性能力。

● 性向測驗：測量能力傾向及預測未來可能潛能。例如：通用性向測驗，可測量個人從事何種工作較具勝任能力；例如：一般學習、 語文、數目、空間關係、圖形知覺、文書知覺、動作協調、 手指靈巧、手部靈巧。

(2)人格測驗：

● 人格測驗：個性情緒、人際關係與待人處事等。

● Guilford 基氏人格測驗：情緒穩定與否、社會適應良好與否、個性內向或外向等。

● 性格測驗：對何種工作及工作環境較易適應。

(3) 職業心理測驗：包含工作氣質測驗、通用性向測驗、興趣量表、職業組合卡……。

小叮嚀：

● 智力測驗：個人的一般性能力測驗。

● 興趣測驗：個人對何種工作較有興趣或動機。

● 性向測驗：個人從事何種工作較具勝任能力。

● 性格測驗：對何種工作及工作環境較易適應。

● 測驗內容不包含工作世界地圖，經濟地理、勞動市場預估(選擇題考題)。

二、心理測驗解釋分析摘要

1.專家 Ann Anastasi 認為心理測驗應該符合五大要素：

● 信度

● 效度

● 樣本具有代表性

- **客觀**
- **常模**

補充：良好的心理測驗應符合之要件

1.效度：有效的程度，一個測驗能測量到它所想測量特質的程度。

2.信度：測驗結果之一致性或可靠性程度。

3.常模：各項測驗的普遍機率分配情況，可做為解釋測驗的依據。例如：依照百分等級或標準分數等評分進行受測者的高低差異進行比較。

4.其他：

➢ 實用性高：心理測驗容易實施、容易評分、容易解釋與說明。

➢ 客觀、樣本具有代表性

2.進行職業心理測驗與解釋分析時，須留意以下項目：

- 應參考相關資訊佐證。
- 應先研讀使用手冊注意事項。
- 應謹慎確認符合規定後，方提供測驗工具給單位使用。

3.提供測驗結果給受測者參考時，須留意下列事項：

- 不須強加建議應依據結果進行職涯決定。
- 解釋的資料應列為機密資料。
- 應力求客觀正確。
- 應避免主觀、心有成見或偏見。

4.評量服務對象之工作能力，可以採取以下方式：

◉ 　對受測者實施心理測驗；例如：安排我喜歡做的事或工作氣質測試、性向測驗等心理測驗。

◉ 　工作樣本：模擬真實工作的具體操作，以測試評估其靈巧度、體力與技術相關能力。例如：傑考氏職前技能評估與明尼蘇達手部操作測驗。

◉ 　情境評量：以真實或模擬的工作場所，評量受測者的相關工作能力。例如：安排到學校的實習餐廳實習烹煮，了解其烹調能力。

◉ 　現場試作：處於實際的工作環境下，由受測者實際現場實作，以評估其能力高低。例如：安排前往醫院工作一天，了解工作能力與忍受力。

三、就業媒合要點

1.團體諮商技巧要點歸納：

● 　釐清：協助當事人釐清問題所在或進一步釐清情況。

● 　引導：逐步引導當事人循序漸進回答或述說問題。

● 　具體化或明確化：協助將當事人講述的內容，以更具體化方式表示。

● 　摘要重點：將當事人的談話重點摘要歸納出來。

● 　支持：適時表示讚同當事人之看法觀點。

● 　重述：將當事人講述內容重複再說一遍。

● 　發問：透過詢問，請當事人回答。

● 　面質：適用時機：當事人呈現行為矛盾或逃避，當事人認知不一致、行為不一致時；例如：您很想要考第一名，但您卻常常上課打瞌睡？您說您工作能力很好、工作效率很好，但卻常常被客戶同事抱怨而且錯誤率很高、很情緒化？

● 　立即性技術：包含彼此關係的立即性與彼此有效互動的立即性技術，例如：您很安靜、話很少，很緊張，方便讓我知道您現在的想法嗎？

157

- 轉介：將當事人轉介至其他機構組織。
- 諮商人員或就服人員面談應展現之人格特質：親和力、專注、傾聽、同理心等。
- 其他模式：給予作業或測驗，方便檢測評估。

2.不同類型的輔導方式：
- 教育輔導：針對一般民眾之教育演說；例如：家長或講師之輔導行為。
- 心理諮商：針對特定對象之心理治療性質；例如：諮商心理師對於部分畢業生的職涯就業諮商。
- 心理治療：臨床心理師或精神科醫師對於精神疾病患者的醫療行為。

3.就業諮詢人員應有的人格特質：
- 豐富的專業知識
- 善於溝通能力
- 態度真誠
- 具有服務熱忱
- 耐心專注傾聽
- 同理心
- 真誠對待
- 溫和親切

4.面談過程應結構化，讓面談過程循序漸進。面談詢問的問題需結構化、系統化，而且預先準備。

5.面談風格模式列舉：
- **行為面談：過去經驗或行為的因應。**
- **情境面談：假設情境下之處理方式，用以預估未來。**
- **壓力面談：給予較犀利的問題。**
- **心理面談：由心理學家執行，針對人格特質詢問。**

6.生涯輔導或職業輔導：協助選擇職業、協助準備就業、就業安置及適應職業的歷程。

7.就業諮詢的主要目標：
- **促使受輔導者了解自我**
- **促使受輔導者提升自我**
- **協助受輔導者改變自我**
- **不包含協助受輔導者能夠主動幫助他人**

8.就業服務人員可讓求職者得到更多的社會資源協助，這項技巧屬於轉介技巧。

9.就業面談之技巧：
- **面談時對於面試主管的問題需要肯定正確且從容不迫地回答。**
- **面談結束後應主動追蹤了解面談結果。**
- **面談前應該充分蒐集關於公司與職務之相關資訊。**

資料來源：技術士考試歷屆試題；教育部、勞動部及台灣就業通網站資訊；Gerald Corey 原著，李茂興譯(83)；金樹人(87)；張厚粲及龔耀先(88)；Darley, Glucksberg, Kinchla 原著，楊語芸譯(87)；陳皎眉(93)；管秋雄(94)；金樹人、張德聰與黃素菲(107)。

第四節 考試要點與模擬考題

一、工作規則與勞動統計要點

1.職員應該遵守的工作倫理責任，包含以下項目：
- 公司場所不可作為私人聚會場所
- 不應提供不實資訊予客戶
- 不可提供採購底價給親友
- 不可公器私用或挪用公款購置個人物品

2.依據行政院主計總處每月人力資源調查報告，對於非初次尋職的失業者失業主要原因分析，包含因企業業務緊縮、因工作場所歇業、員工健康不良等原因。

3.非初次尋職的失業者的觀察對象為已有工作經驗者，不包含應屆畢業生。

4.加速就業媒合，對於解決摩擦性失業最為有效。

5.履歷表之撰寫模式：
- 時序型履歷
- 功能性履歷
- 綜合型履歷(時間順序+功能性)

6.公司經理因為個人財務周轉困難而挪用公司資金，不論事後是否歸還，皆構成刑法業務侵占罪。

7.一般企業對於員工甄選，通常會考量檢視的資訊包含：可訓練性、技能水準與離職的可能性。

8.就業服務人員應秉持專業倫理執行業務，應遵循的原則如下：
- 對於受助者公平對待
- 提供適當的推薦職缺服務
- 給予適當的建議
- 善盡保密責任

● **協助運用多元化的社會資源**

9. 身心障礙者職務再設計項目如下：
● **改善職場工作環境：例如無障礙環境改善。**
● **改善工作設備或機具：例如工作設備或機具之改善。**
● **改善工作條件：例如手語、燈號協助、交通協助。**
● **調整工作方法：工作重組及相互支援。**

10. 職業重建服務包含職務再設計、職業訓練、職業輔導評量等方式；但不包含就業諮詢，通常是更換工作才會涉及就業諮詢。

11. 職業分析的基本資料與職業概述分析表，將職業年資區分為生手、熟手與老手，並進一步與薪資待遇交叉分析。

12. 公立就業服務機構辦理就業服務，應秉持公平服務原則及不歧視或差別待遇理念，例如：不得優先以高學歷者或大企業為推介對象。

13. 依據行政院主計總處之分類標準，一位勞工一週從事無酬家屬工作超過 15 小時，即被歸類為有工作(就業者)。

14. 當勞工從事二項以上工作時，應該依照工作時間較長者，判定勞工的職業。

15. 失業率上升，呈現勞動力過剩，也就是供過於求之現象。

16. 職業分析時，應包含任務、工作單元與職業內容等範圍，但不包含工作辭典與登錄評分的職務內容。

17. 了解自身的職業興趣後，可進一步查詢適合自己的職業項目或類別，查詢職業訊息網或測驗之職業常模等訊

息。無法由下列工具獲得資源：我國行業分類典、科技紫微能量生涯網系統。

18. 對於身心障礙者的職業輔導評量方式，得依求職者個案狀態，採取情境評量、現場試做或工作樣本等方式實施。

19. 職務分類的工具包含職業展望手冊、職業分類典或職業探索指南等；職務分類的工具不包含求職注意事項。

二、心理測驗相關要點

1. 透過職業分析，可以進一步進行職務再設計。

2. 功能性履歷突顯求職者的實質工作內容相關能力，但不能突顯教育與工作經歷。但功能性履歷對於工作經驗豐富者相對上較無法突顯其優勢。

3. 職業探索量表包括職業興趣與職業憧憬等五大部分的職涯測驗。

4. 職業興趣測驗：對於各種職業類別之興趣分數，藝術，上下關係，世故性高（不得罪人），獨處性高，決斷力強，表達力，精確性，堅忍性，變化性，影響力大，督導性強。

5. 工作氣質測驗：個人是否適合從事某種職業之參考，可以測驗出受測者以何種方式從事工作及適應工作；以協助企業安置新進人員或工作調遷。

6. 依據基氏人格測驗量表(Guilford Martin Personality Inventory)，摘列如下：

✈　A型，平均型，平凡人、情緒不穩定但也不暴躁(居中)、平均型(不內向也不外向)

✈　B型，偏右型，情緒不穩定 (情緒化)、外向

✈　C型，偏左型，情緒穩定、內向

✈　D型，右下型，情緒穩定、外向

✈　E型，左下型，情緒不穩定(情緒化)，內向

7.職業組合卡要求當事人依據直覺,將手中卡片依照喜歡、不喜歡或不知道等三類別表述。其中不知道類別,最能反映出當事人內心的不確定、猶豫或衝突。職業組合卡優於一般心理測驗的功能為:可了解受測者的內在衝突。

8.工作氣質測驗量表的結果可以求得受測者在「人際效能」、「優柔猶豫」、「審慎精確」、「偏好單純」、「堅忍犯難」、「獨處自為」、「世故順從」七大項氣質特質涵義。

9.就業服務人員協助已畢業的青少年求職時,較適合運用的職業適性測驗項目,包含職業探索測驗、工作氣質測驗或工作價值觀測驗,但不包括大學科系興趣組合卡測驗。

10.個人認知能力之測驗:包含學習成果測驗、性向測驗或智力測驗,但不包含興趣測驗。

11.職業心理測驗:包含工作氣質測驗、通用性向測驗、興趣量表、職業組合卡等;但不包含工作世界地圖,經濟地理、勞動市場預估。

12.職業探索量表包括職業興趣與職業憧憬等五大部分的職涯測驗。

13.興趣測驗:學習與職業興趣偏好;可透過職業興趣量表。

14.工作氣質測驗中,能善盡本分,不冒犯主管,並與主管維持兩好關係,是屬於上下關係良好的職業性格。工作氣質測驗屬於工作價值觀的測驗。

15.性向測驗的劃記測驗,主要用來測量動作協調良好與否。

16.國內學者金樹人提出消除痛苦的修練指的是佛教四諦的「道」。

17.理性情緒行為學派主張協助求職者檢核與駁斥不合理信念,以及重新建立合理信念,以調整求職過程的挫折。

18.良好客觀的心理測驗應符合信度、效度與常模。常模為心理測驗用來比較與解釋的參考分數或數值標準,如:心理測驗的百分位數、標準分數。

19.一份測驗如果沒有複本,而且只能施行測驗一次,可以採用折半信度法分析其信度高低。

三、職涯輔導考試要點

1. 溝通過程中，盡量少用責備型的溝通模式，例如：您沒做過一件正確的事、您總是比別人差/遜。

2. 就業諮商人員應有的特質如下：尊重、真誠、專注、傾聽、同理心。

3. 就業服務人員在初次就業媒合會談時，常使用的技巧包含表示關懷、自我介紹或打招呼等；不包含詢問對方目前的情緒。

4. 就業服務人員可透過立即性技巧從事就業諮詢，包含覺察求職者之反應、深入體驗求職者對於自己的影響、評估求職者對於立即性回應的準備程度。

5. 小蔡與小莉最近都遭遇工作與家庭難以取得平衡的困擾並向同一就服機構的就業諮詢師求助。諮詢師優先針對小蔡進行服務，因為小蔡為主管職務，因此告訴小莉一個月後才能提供服務；此時該就服機構違反了公正性。

6. 生涯心事：當事人對於生涯的內在心靈觀點。

7. 生涯自傳：當事人回溯過去生涯事件，重新體驗自己對自己的看法。

8. 生涯亮點：當事人過去職涯表現的績優事蹟。

9. 生涯經驗：當事人過去的職涯經驗。

10. 就時間上來說，生涯發展屬於一生當中連續不斷的過程。

11. 對於初次求職者來說，就業服務人員最適合詢問的問題為：對於職業生涯的未來規劃。

12. 人際衝突解決的最高境界為共創雙贏。

13. 諮詢人員違反知後同意：例如在當事人不知悉不同意之情況下，將諮詢會談內容告知當事人主管。

14. 話不投機半句多，包含希望彼此的關係是良善且知心的、希望彼此是志同道合的知己朋友；並非表示希望彼此的關係是緊張又甜蜜或希望離群而居。

15. 員工反映自己心力交瘁、感覺挫折、上班時很難熬；通常表示員工已經過度勞累、過勞程度嚴重、需要專業人員諮詢協助。

16. 生涯阻礙可分為內在的衝突與外在的挫折。例如：自我觀念與成就動機屬於內在衝突。

17. 員工想要融入一個組織內，最好的方法是參與公司的聚會與團體活動。

18. 求職者若能進一步了解職業目標，便能適才適所。職業目標通常包含社會性目標、人生目標與經濟性目標；但不包含情緒性目標。

19. 人際溝通模式：責備型、電腦型、一致型、討好型等。溝通時表現出以對方為主的唯唯諾諾同意方式，稱為討好型的溝通模式。

20. 求職者在面試中被詢問到「能不能談談您自己」，最貼近面試主管的期望解答為「想聽到**與應徵工作最相關**的教育與工作經驗；而非求職者的家庭故事、童年往事或自傳」。

21. 可以透過 SWOT 進行自我分析。

22. 生涯輔導或職業輔導：協助選擇職業、協助準備就業、就業安置及適應職業的歷程。

23. 就業諮詢的主要目標：
- 促使受輔導者了解自我
- 促使受輔導者提升自我
- 協助受輔導者改變自我
- 不包含協助受輔導者能夠主動幫助他人

24. 就業服務人員可讓求職者得到更多的社會資源協助，這項技巧屬於轉介技巧。

25. 就業面談之技巧：
- 面談時對於面試主管的問題需要肯定正確且從容不迫地回答。
- 面談結束後應主動追蹤了解面談結果。

● 　面談前應該充分蒐集關於公司與職務之相關資訊。

26. 就業會談前閱讀求職者的履歷資料，對於以下項目應特別標示質疑點：頻繁轉換工作、工作中斷的年資、過短的工作時間。但針對求職者的工作待遇期望，不需要特別提出質疑。

27. 小莉在第一次就業會談中，抱怨了約半小時的求職失敗經驗，此時就業服務人員適合透過釐清的技巧，協助小莉釐清問題焦點。

28. 就業媒合會談時，就業服務人員為協助或釐清求職者心目中理想的職業目標或項目，可詢問求職者：「您最希望找到哪些工作呢？」

29. 小蔡對於從事數據分析的工作充滿愉悅感，非常專心投入，甚至忘了吃飯。小蔡的情況可說是職涯諮商心理學所提到的心流體驗情境(Flow Experience)，表示技能與工作挑戰性皆處於高的狀態。另外，若技能與工作挑戰性皆低，則進入不關心(無興趣)狀態。若工作挑戰性高，但技能差，則會處於焦慮緊張。最後若工作技能傑出(高)，但工作挑戰性低，則令人厭煩無趣。

30. Peterson 等人所提出的訊息處理層面的金字塔模式，包含以下三個層面：知識、決策、執行層面；不包括情感層面。另外，所提到的認知技能的訓練技術，包含控制與監督、自我覺察、自我語言等技術，但不包含情緒紓解等技術。

31. Holland 的職業專長分類成六大類，不包含下列項目：文化、教育、政治、經濟、科學、寫作等項目。

32. Piaget 皮亞傑的認知發展論強調生涯是一個學習的過程，通常經歷三個主要階段：調適、同化、平衡 (不包含進步)。

33. 進入職場之後，通常會面臨生涯阻礙；依據 Crities 提出的理論，生涯阻礙的內在衝突包含自我觀念及成就動機等項目。

34. 劇場(戲劇)理論(Dramaturagical Theory)提出以下觀點：

● 　人們因為重視面子，因此行為模式在台前台後有異。

● 　在台前通常人們會努力扮演各自的角色

- 人們需要經過一連串試驗體認的過程,才能夠成功扮演角色。

- 不包含:人們不會為了維護顏面而吝於扮演自己的角色。

35.Johari Window Theory 周哈里視窗理論提出自我認知及行為舉止與他人對自己的認知間的情況,並可以讓個人自己了解隱藏的自我,也就是他人不了解但自己了解的部分。

四、就業服務要點

1.特別針對職業領域的人員制定的道德規範稱為職業倫理。

2.依據就業服務法,民眾遭遇不實求才廣告,得舉證向直轄市或縣市政府提出檢舉或申訴。

3.為落實吹哨者保護,實施勞動檢查時,也不得告知企業有關勞工申訴人身分。

4.若小莉被公司錄取模特兒工作,但卻被安排到客戶公司表演脫衣秀,若向主管機關檢舉,該公司應處以 30 萬~150 萬元罰鍰。

5.當勞工從事二項以上工作時,應該依照工作時間較長者,判定勞工的職業。

6.失業率上升,將出現勞動力過剩,也就是供過於求之現象。

7.公立就業服務機構應該每週以公開會議協調方式,辦理接續聘僱外國勞工業務。

8.公立就業服務機構辦理就業服務,應秉持公平服務原則及不歧視或差別待遇理念,例如:不得優先以高學歷者或大企業為推介對象。

9.企業聘僱外國人從事製造工作,需檢附經直轄市或縣市政府開具無違反勞動法規之證明書。

五、職涯心理理論摘錄與要點複習

1. Bandura 社會學習理論要點(1977 年提出)

　　提出應瞭解受測者對於事物的自我效能或自信情況，而非僅測量單一面向，共有三個面向，列舉說明如下：

◇ 強度：自我效能強度較高，表示受測者自己認為能夠完成較困難的任務；相反的，自我效能強度低，則自認為僅能完成較簡易的任務。

◇ 說服力：自我效能的說服力較高，表示受測者不易受挫或受影響、也較不易被說服、較有主見；相反的，自我效能較低，則較易受挫或受影響。

◇ 延伸性：自我效能的延伸性可解釋為受測者對於自我效能的適用範圍。延伸性廣，則延伸至較多的任務工作；延伸性窄，自我效能僅能適用特定的單一或少數任務工作。

2. Parsons 認為職涯規劃的過程，為知己知彼與抉擇的過程。

3. Williamson：提出諮商過程的助人的三階段為：

■ 探索階段

■ 洞察階段

■ 行動階段

4. 皮亞傑提出孩童認知發展的四個階段

5. Hall 霍爾，職業生涯發展理論：提出早期、中期及後期職業生涯理論。

6. Ginzberg：生涯發展理論，提出成人前的職業生涯階段：

■ 幻想期：11 歲之前：從遊戲與興趣了解。

■ 嘗試期：11-17 歲，了解工作要求與個人興趣。

■ 實現期：17 歲以後，已有特定的方向。

7. 行為治療法：協助當事人將目標縮小，並訂定獎賞及懲罰辦法並進行自我目標追蹤。

8. 團體治療法：針對特定團體進行治療。包含活動團體(職能復健團體)、支持性團體(知識分享教授)、問題導向團體(戒菸團體)、動力取向團體(內在心態的改變)。

9. 折衷取向治療：
   - 完形治療(Perls)達到完整的目標、使當事人的個人觀念、情緒與行為進行統整。
   - 現實治療(William Glasser)：協助當事人依據其自身需求(生存、歸屬、權力、歡樂及自由)，做出適當的行為選擇。
   - 存在主義治療法(Irvin D. Yalom)：使當事人了解選擇自由後必須勇於負責，並進而實現自我。
   - 意義治療法(Viktor E. Frank)：強調人生意義的探索。
   - 溝通治療法(Eric Berne)：協助當事人了解自己的優缺點並與他人進行有效的溝通。

10. 使用或解釋心理測驗分數應注意的原則：
   - 告知測驗分數並非絕對分數。
   - 讓當事人參與解釋過程並對話。
   - 盡量減少使用專業術語
   - 應注意受測者的隱私保護及資料保密。

11. 五種常見的溝通模式：討好型(贊同)，責備型(批評)、電腦型(長篇大論)、打岔型(答非所問)、一致型(內外意見一致)

12. 壓力緩衝盾：包含五個區塊，生命經驗、個人支持網絡、態度和信念、健康自我照顧習慣、行動技巧(改變現況技巧)。

六、職涯測驗量表
1. 職業興趣量表：我喜歡做的事-職業興趣探索測驗，區分2個興趣範圍。
2. 工作氣質測驗：

- 人際效能(督導姓、影響性、親和性、表達力)、優柔猶豫、審慎精確、偏好單純、堅忍犯難、獨處自為、世故順從等構面。
- 獨處性高：實驗室工作者。
- 影響力高：傳教士。

3. 工作價值觀量表：理解自己在選擇工作時所重視的條件項目。
4. 基氏人格測驗量表：
   - A型：平均型
   - B型(偏右型)：暴力型(情緒不穩定、外向)
   - C型(偏左型)：鎮靜型(內向、情緒穩定)
   - D型：指導型(外向、情緒穩定、積極)
   - E型：怪癖型(內向、情緒不安定、消極)

七、諮商的技巧：包含以下方式

1. 打破僵局(破冰)
2. 傾聽
3. 接納
4. 同理心
5. 澄清：具體詢問
6. 面質：指出對方行為中的不合理或矛盾之處。
7. 立即性：就現行的諮商關係，立即進行直接且開放的討論溝通。
8. 具體化：具體詢問出相關要點。
9. 反映技術：反映當事人的情緒與意見。
10. 情感的反映：將情感的意見表達出來。
11. 內容的反映：將想法或意見，以更明確精簡的內容表達。
12. 同理心：用自己的言語，表達自己對於當事人的感覺。
13. 力場分析：分析當事人當前改變與否的力道強弱。

14. 角色扮演：透過彼此不同的角色扮演，讓彼此更了解彼此的情境與難易。
15. 家庭作業：透過交付家庭作業方式，讓當事人自行透過完成作業的過程，思考、執行與體驗特定項目。
16. 建議：提供當事人解決問題的可能方法。
17. 轉介：轉介其他專業人士或專業機構。

八、模擬考題：

1. 下列哪一種情形會造成失業率與勞動參與率同時下降？
   1. 公務人員提早退休
   2. 學生畢業後投入職場工作
   3. 家庭主婦外出工作
   4. 許多人因為長期失業而放棄尋找工作

解答：4

補充：
- 勞動力參與率＝勞動力／15歲以上民間人口
- 失業率＝失業人數/勞動力
- 非勞動力：年滿15歲不屬於勞動力之民間人口，包括就學、家庭主婦、高齡、身心障礙、想工作而未找工作及其他原因等而未找工作者。
- 失業人口：年滿15歲同時具有下列條件者：(1)無工作；(2)隨時可以工作；(3)正在尋找工作或已找工作在等待結果。

- 長期失業放棄尋找工作：屬於未找工作的非失業人口；造成失業率下降(失業人數分子相對降低)、勞動參與率下降(改列非勞動力、勞動力分子相對降低)。
- 公務人員提早退休(想找工作)：屬於失業人口、失業人口增加、勞動力不變、勞動參與率不變。
- 學生畢業投入職場：勞動力增加、非屬失業人口，失業率下降(分母增加)、勞動參與率上升(分子增加)。
- 家庭主婦外出工作：非失業人口、勞動力增加，因此失業率下降(分母增加)、勞動參與率上升(分子增加)。

2. 職業分析流程的**前三個步驟**敘述，指下列哪三個項目：
   1. 擬定機構調查計畫
   2. 進行機構調查
   3. 進行職業分析
   4. 擬定分析的職業

   ◉ 解答：1、2、4
      ◉ 選擇所要分析的職業、擬定機構調查計畫、進行機構調查、擬定職業分析計畫、進行職業分析及評定、整理職業資料、職務設計與職務再設計

3. 職業分類的工具可包含哪些依據準則？
   1. 職業分類典
   2. 求職注意事項
   3. 全國人力狀況運用調查
   4. 職業展望手冊
   5. 職業探索指南

◉　解答：1、4、5

4.　下列哪一類型的求職者適合以功能型履歷表方式凸顯
　　其工作能力。
　　1.　工作或聘用期間斷斷續續。
　　2.　擁有連續而豐富工作紀錄者。
　　3.　離職一段時間後回到勞動市場的求職者
　　4.　經常從事短期工作的勞工

◉　解答：1、3、4

5.　戈登(Gordan)提出 12 種溝通障礙類型，包含哪些項
　　目？
　　1.　說教方式
　　2.　專家模樣溝通
　　3.　批評方式
　　4.　採邏輯論證
　　5.　親切和藹

◉　解答：1、2、3、4

6. 職業心理測驗依據測驗材料分類，可以區分為哪二項類型？
   1. 語文測驗
   2. 非語文測驗
   3. 情緒測驗
   4. 職業性向測驗

◉ 解答：1、2

7. Piaget(皮亞傑)的認知發展理論，強調生涯是一個學習的過程，通常經歷哪三項階段？
   1. 調適
   2. 平衡
   3. 進步
   4. 同化

◉ 解答：1、2、4

8. 就業服務諮詢人員在諮詢過程中需扮演哪些角色？
   1. 診斷評估者
   2. 協調者
   3. 治療者
   4. 教導者

◉ 解答：1、2、4

9. 人際溝通的三項必要元素包含以下哪幾項？
    1. 發出訊息者
    2. 接受訊息者
    3. 訊息媒介
    4. 資訊科技

● 解答：1、2、3

10. 後現代主義的觀點主要強調應協助當事人進行職涯探索，下列關於後現代主義之特徵敘述何者正確？
    1. 驗證性
    2. 不確定性
    3. 多元性
    4. 去中心性

● 解答：2、3、4

11. 蘭特、布朗與海克凱特(Lent, Brown, Hackett)的社會認知生涯理論提及三個分段模式，該三個分段模式包含下列何項？
   1. 職業選擇模式
   2. 興趣發展模式
   3. 行動管理模式
   4. 表現及成果模式

● 解答：1、2、4

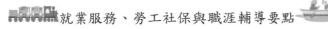

第七章 考前複習、模擬考題與解答

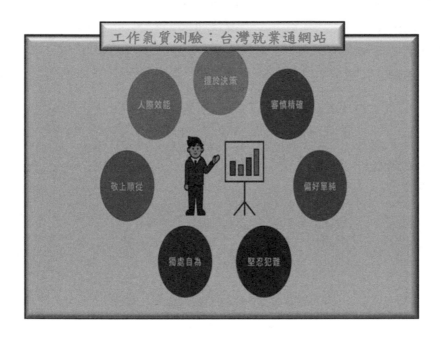

第七章 考前複習、模擬考題與解答

第一節 考前複習摘要

一、老年給付制度綜合比較

構面/制度別	勞工保險年金給付	勞基法老年給付	勞工退休金老年給付
最高金額(提撥/投保)	45,800	依經常性工資提撥	150,000
領取老年給付年齡	≧(63~65)*112年為63歲	*25年；*15年資+55歲；*10年資+60歲	≧60
平均金額計算基礎與計算	1.最高60個月 2.平均投保薪資 x 年資 x 1.55%	1.退休前6個月平均工資 2.前15年：每年2個月 3.>15年：每年1個月	1.依據各月薪資乘6%提撥 2.投資績效視政府投資績效而定

構面/制度別	勞工保險年金給付	勞基法老年給付	勞工退休金老年給付
一次給付或年金給付標準	1.保險年資15年以上，請領月退休金。2.保險年資未滿15年，請領一次退休金。	1.採一次給付2.退休金=平均工資 x 月數(基數)	1.工作年資15年以上，請領月退休金或一次退休金。2.工作年資未滿15年，請領一次退休金。

二、評量服務對象之工作能力，可以採取以下方式：

1. 對受測者實施心理測驗；例如：安排我喜歡做的事或工作氣質測試、性向測驗等心理測驗。

2. 工作樣本：模擬真實工作的具體操作，以測試評估其靈巧度、體力與技術相關能力。例如：傑考氏職前技能評估與明尼蘇達手部操作測驗。

3. 情境評量：以真實或模擬的工作場所，評量受測者的相關工作能力。例如：安排到學校的實習餐廳實習烹煮，了解其烹調能力。

4. 現場試作：處於實際的工作環境下，由受測者實際現場實作，以評估其能力高低。例如：安排前往醫院工作一天，了解工作能力與忍受力。

三、依據 Holland 的興趣類型理論分類參考：

1. Youtuber 烹飪網路經營者屬於哪一類的興趣/能力類型：實作型

2. 企業主管工作屬於哪一類的興趣/能力類型：企業型

3. 子女教育工作屬於哪一類的興趣/能力類型：社會型

四、Krumboltz 提出社會學習理論認為影響生涯主要因素：

1. 遺傳與天賦：例如性別、體力、外貌、特殊才藝等。
2. 環境因素或特殊事件：社會環境變遷、成長歷程事件。
3. 學習經驗：過去的學習成果與歷練。
4. 任務取向技巧：工作習慣、工作價值觀、情緒管理與溝通。
5. Krumboltz 指出，遭遇偶發事件或是學會處理生命中的意外事件，是極為重要的能力。研究發現偶發性事件之發生，改變了許多人們的生涯之路。

五、各學派心理治療分析歸納比較

學派	代表人物	理念與技術
心理分析治療法	Sigmund Freud 佛洛伊德	透過心理分析，讓當事人領悟潛在的原因，以解決內心的衝突焦慮。
理性情緒治療法	Albert Ellis 艾利斯(艾理斯)	協助當事人檢核與駁斥不合理信念，以及重新建立合理的人生觀，以調整適應挫折或困擾。
人格理論諮商法	Alfred Adler 阿德勒	● 認為當事人所遭遇的困難，主要來自於錯誤的生活模式。 ● 應透過與對方面對面溝通分析，鼓勵當事人解決問題並擁有勇氣去改變心態。

學派	代表人物	理念與技術
個人中心治療法(個人中心諮商法)	Carl Rogers 羅傑斯、Maslow 馬斯洛	● 強調生涯諮商關係應該雙方面相互尊重,協助當事人更了解自己並發揮自己的功能,實現自我。 ● 強調同理心與尊重當事人。
完形諮商(治療)法	Fritz Perls 波爾斯(皮爾斯)	● 將當事人視作不可分割的完整形體。 ● 協助當事人以[現在]為中心,進行個人觀念、情緒與行為的統整。 ● 完形強調透過當事人的覺察與轉化,化解衝突矛盾。
現實治療法	William Glasser 葛雷瑟(葛拉塞)	● 協助當事人依據其自身需求目標(生存、歸屬、權力、歡樂及自由),做出適當的行為選擇。 ● 強調"當下",個人有選擇的權利,也須為自己的選擇負責。
認知治療法	Aaron Beck (貝克)	● 強調應該改變人們錯誤的認知與錯誤想法。

學派	代表人物	理念與技術
存在主義諮商(治療)法	Viktor Frank 法蘭克 Irvin D. Yalom 亞隆	● 協助當事人了解人生的意義與價值，懂得為何而活著。 ● 諮商目標為協助當事人追尋生命的意義。
溝通分析諮商(治療)法	Eric Berne 伯尼(伯恩)	● 協助當事人了解自己的優缺點並與他人進行有效的溝通。 ● 協助當事人減少不當行為，創造更有意義的人生。
行為學派諮商法	B. Skinner (史金納)； Albert Bandura (班度拉)	● Bandura 提出社會認知理論，強調認知與情感的關係。 ● 協助當事人處理困擾及了解可能的選擇。
家族治療	Satir(薩提爾) Bowen(伯恩)	● 薩提爾將心理治療擴大為自我成長的過程。提出責備型、討好型、超理智、打岔型等溝通方式；並藉由冰山觀點，強調內在與外在一致化的重要性。 ● 伯恩著重家庭中的成員透過調整自我，降低困擾與焦慮並改變自己。

參考資料來源：編輯摘錄自金樹人、張德聰與黃素菲(107)及 Gerald Corey 原著，李茂興譯(83)；金樹人(87)；管秋雄(94)；陳皎眉(93)、歷屆考題等。

六、基於國民工作權之保障，聘僱外國人工作，不得妨礙
以下四項：

1. 妨礙本國人之就業機會
2. 妨礙本國人之勞動條件
3. 妨礙國民經濟發展
4. 妨礙社會安定

七、法規摘錄：

◉ **性別工作平等法第 17 條：**

● 受僱者於育嬰留職停薪期滿後，申請復職時，除有下列
情形之一，並經主管機關同意者外，雇主不得拒絕：
一、歇業、虧損或業務緊縮者。
二、雇主依法變更組織、解散或轉讓者。
三、不可抗力暫停工作在一個月以上者。
四、業務性質變更，有減少受僱者之必要，又無適當
工作可供安置者。
雇主因前項各款原因未能使受僱者復職時，應於三十
日前通知之，並應依法定標準發給資遣費或退休金。

● 被害人因遭受性騷擾等情事致生法律訴訟，於受司法機
關通知到庭期間，雇主應給予公假。

⊙ **職業訓練法：**

● 第 27 條

應辦職業訓練之事業機構，其每年實支之職業訓練費用，不得低於當年度營業額之規定比率。其低於規定比率者，應於規定期限內，將差額繳交中央主管機關設置之職業訓練基金，以供統籌辦理職業訓練之用。

前項事業機構之業別、規模、職業訓練費用比率、差額繳納期限及職業訓練基金之設置、管理、運用辦法，由行政院定之。

● 第 30 條

應辦職業訓練之事業機構，須於年度終了後二個月內將職業訓練費用動支情形，報主管機關審核。

● 第 32 條

辦理技能檢定之職類，依其技能範圍及專精程度，分甲、乙、丙三級；不宜分三級者，由中央主管機關定之。

⊙ **勞工退休金條例**

● 第 14 條

雇主應為第七條第一項規定之勞工負擔提繳之退休金，不得低於勞工每月工資百分之六。

雇主得為第七條第二項第三款或第四款規定之人員，於每月工資百分之六範圍內提繳退休金。

勞工得在其每月工資百分之六範圍內，自願提繳退休金，其自願提繳部分，得自當年度個人綜合所得總額中全數扣除。

● 第 21 條(摘錄)

雇主提繳之金額，應每月以書面通知勞工。

● **個人資料保護法** 第 28 條

公務機關違反個資法規定，致個人資料遭不法蒐集、處理、利用或其他侵害當事人權利者，負損害賠償責任。但損害因天災、事變或其他不可抗力所致者，不在此限。

被害人雖非財產上之損害，亦得請求賠償相當之金額；其名譽被侵害者，並得請求為回復名譽之適當處分。

依前二項情形，如被害人不易或不能證明其實際損害額時，得請求法院依侵害情節，以每人每一事件新台幣五百元以上二萬元以下計算。

對於同一原因事實造成多數當事人權利受侵害之事件，經當事人請求損害賠償者，其合計最高總額以新台幣二億元為限。但因該原因事實所涉利益超過新台幣二億元者，以該所涉利益為限。

同一原因事實造成之損害總額逾前項金額時，被害人所受賠償金額，不受第三項所定每人每一事件最低賠償金額新台幣五百元之限制。

第二項請求權，不得讓與或繼承。但以金額賠償之請求權已依契約承諾或已起訴者，不在此限。

● 第 30 條

損害賠償請求權，自請求權人知有損害及賠償義務人時起，因二年間不行使而消滅；自損害發生時起，逾五年者，亦同。

⊙ 勞動基準法

第 11 條

非有左列情事之一者，雇主不得預告勞工終止勞動契約：

一、歇業或轉讓時。

二、虧損或業務緊縮時。

三、不可抗力暫停工作在一個月以上時。

四、業務性質變更，有減少勞工之必要，又無適當工作可供安置時。

五、勞工對於所擔任之工作確不能勝任時。

第 12 條 勞工有左列情形之一者，雇主得不經預告終止契約：

一、於訂立勞動契約時為虛偽意思表示，使雇主誤信而有受損害之虞者。

二、對於雇主、雇主家屬、雇主代理人或其他共同工作之勞工，實施暴行或有重大侮辱之行為者。

三、受有期徒刑以上刑之宣告確定，而未諭知緩刑或未准易科罰金者。

四、違反勞動契約或工作規則，情節重大者。

五、故意損耗機器、工具、原料、產品，或其他雇主所有物品，或故意洩漏雇主技術上、營業上之秘密，致雇主受有損害者。

六、無正當理由繼續曠工三日，或一個月內曠工達六日者。

雇主依前項第一款、第二款及第四款至第六款規定終止契約者，應自知悉其情形之日起，三十日內為之。

● 　第 53 條
勞工有下列情形之一，得自請退休：
一、工作十五年以上年滿五十五歲者。
二、工作二十五年以上者。
三、工作十年以上年滿六十歲者。

● 　第 54 條
勞工非有下列情形之一，雇主不得強制其退休：
一、年滿六十五歲者。
二、身心障礙不堪勝任工作者。
前項第一款所規定之年齡，對於擔任具有危險、堅強體力等特殊性質之工作者，得由事業單位報請中央主管機關予以調整。但不得少於五十五歲。

● 　第 55 條
勞工退休金之給與標準如下：
一、按其工作年資，每滿一年給與兩個基數。但超過十五年之工作年資，每滿一年給與一個基數，最高總數以四十五個基數為限。未滿半年者以半年計；滿半年者以一年計。
二、依第五十四條第一項第二款規定，強制退休之勞工，其身心障礙係因執行職務所致者，依前款規定加給百分之二十。
前項第一款退休金基數之標準，係指核准退休時一個月平均工資。

◉ 就業服務法摘錄-就服機構與就服人員管理

● 就業服務法第 5 條

為保障國民就業機會平等,雇主對求職人或所僱用員工,不得以種族、階級、語言、思想、宗教、黨派、籍貫、出生地、性別、性傾向、年齡、婚姻、容貌、五官、身心障礙、星座、血型或以往工會會員身分為由,予以歧視;其他法律有明文規定者,從其規定。

雇主招募或僱用員工,不得有下列情事:

一、為不實之廣告或揭示。

二、違反求職人或員工之意思,留置其國民身分證、工作憑證或其他證明文件,或要求提供非屬就業所需之隱私資料。

三、扣留求職人或員工財物或收取保證金。

四、指派求職人或員工從事違背公共秩序或善良風俗之工作。

五、辦理聘僱外國人之申請許可、招募、引進或管理事項,提供不實資料或健康檢查檢體。

六、提供職缺之經常性薪資未達新台幣四萬元而未公開揭示或告知其薪資範圍。

● 第 65 條

違反第五條第一項............規定者,處新台幣三十萬元以上一百五十萬元以下罰鍰。

● 第 46 條
公立就業服務機構受理失業被保險人之求職登記,辦理下列適性就業輔導事項:
一、職涯規劃。
二、職業心理測驗。
三、團體諮商。
四、就業觀摩。

● 第 37 條
就業服務專業人員不得有下列情事:
一、允許他人假藉本人名義從事就業服務業務。
二、違反法令執行業務。

● 第 39 條
私立就業服務機構應依規定備置及保存各項文件資料,於主管機關檢查時,不得規避、妨礙或拒絕。

● 第 40 條
私立就業服務機構及其從業人員從事就業服務業務,不得有下列情事:
一、辦理仲介業務,未依規定與雇主或求職人簽訂書面契約。
二、為不實或違反第五條第一項規定之廣告或揭示。
三、違反求職人意思,留置其國民身分證、工作憑證或其他證明文件。
四、扣留求職人財物或收取推介就業保證金。
五、要求、期約或收受規定標準以外之費用,或其他不正利益。
六、行求、期約或交付不正利益。
七、仲介求職人從事違背公共秩序或善良風俗之工作。

八、接受委任辦理聘僱外國人之申請許可、招募、引進或管理事項，提供不實資料或健康檢查檢體。

九、辦理就業服務業務有恐嚇、詐欺、侵占或背信情事。

十、違反雇主或勞工之意思，留置許可文件、身分證件或其他相關文件。

十一、對主管機關規定之報表，未依規定填寫或填寫不實。

十二、未依規定辦理變更登記、停業申報或換發、補發證照。

十三、未依規定揭示私立就業服務機構許可證、收費項目及金額明細表、就業服務專業人員證書。

十四、經主管機關處分停止營業，其期限尚未屆滿即自行繼續營業。

十五、辦理就業服務業務，未善盡受任事務，致雇主違反就業服務法或依就業服務法所發布之命令，或致勞工權益受損。

十六、租借或轉租私立就業服務機構許可證或就業服務專業人員證書。

十七、接受委任引進之外國人入國三個月內發生行蹤不明之情事，並於一年內達一定之人數及比率者。

十八、對求職人或受聘僱外國人有性侵害、人口販運、妨害自由、重傷害或殺人行為。

十九、知悉受聘僱外國人疑似遭受雇主、被看護者或其他共同生活之家屬、雇主之代表人、負責人或代表雇主處理有關勞工事務之人為性侵害、人口販運、妨害自由、重傷害或殺人行為，而未於二十四小時內向主管機關、入出國管理機關、警察機關或其他司法機關通報。

二十、其他違反就業服務法或依就業服務法所發布之命令。

⊙ 就業服務法：外國勞工聘用管理與本國國民工作權保障

● 第 42 條

為保障國民工作權，聘僱外國人工作，不得妨礙本國人之就業機會、勞動條件、國民經濟發展及社會安定。

每年得引進外國人工作總人數，依外籍勞工聘僱**警戒指標**，由中央主管機關邀集相關機關、勞工、雇主、學者代表協商之。

● 第 52 條

聘僱外國人從事第四十六條第一項第一款至第七款及第十一款規定之工作，許可期間最長為三年，期滿有繼續聘僱之需要者，雇主得申請展延。

聘僱外國人從事第四十六條第一項第八款至第十款規定之工作，許可期間最長為三年。有重大特殊情形者，雇主得申請展延，其情形及期間由行政院以命令定之。但屬重大工程者，其展延期間，最長以六個月為限。

前項每年得引進總人數，依外籍勞工聘僱警戒指標，由中央主管機關邀集相關機關、勞工、雇主、學者代表協商之。

● 第 40 條

……………

十九、知悉受聘僱外國人疑似遭受僱主、被看護者或其他共同生活之家屬、雇主之代表人、負責人或代表雇主處理有關勞工事務之人為性侵害、人口販運、妨害自由、重傷害或殺人行為，而未於二十四小時內向主管機關、入出國管理機關、警察機關或其他司法機關通報。

● **第 48 條**

雇主聘僱外國人工作，應檢具有關文件，向中央主管機關申請許可。但有下列情形之一，不須申請許可：

一、各級政府及其所屬學術研究機構聘請外國人擔任顧問或研究工作者。

二、外國人與在中華民國境內設有戶籍之國民結婚，且獲准居留者。

三、受聘僱於公立或經立案之私立大學進行講座、學術研究經教育部認可者。

前項申請許可、廢止許可及其他有關聘僱管理之辦法，由中央主管機關會商中央目的事業主管機關定之。

第一項受聘僱外國人入境前後之健康檢查管理辦法，由中央衛生主管機關會商中央主管機關定之。

前項受聘僱外國人入境後之健康檢查，由中央衛生主管機關指定醫院辦理之；其受指定之資格條件、指定、廢止指定及其他管理事項之辦法，由中央衛生主管機關定之。

受聘僱之外國人健康檢查不合格經限令出國者，雇主應即督促其出國。

中央主管機關對從事第四十六條第一項第八款至第十一款規定工作之外國人，得規定其國別及數額。

◉ 就業服務法：公立就服機構服務及主管機關管理

● 第 13 條

公立就業服務機構辦理就業服務，以免費為原則。但接受僱主委託招考人才所需之費用，得向雇主收取之。

● 第 14 條

公立就業服務機構對於求職人及雇主申請求職、求才登記，不得拒絕。但其申請有違反法令或拒絕提供為推介就業所需之資料者，不在此限。

● 第 16 條

公立就業服務機構應蒐集、整理、分析其業務區域內之薪資變動、人力供需及未來展望等資料，提供就業市場資訊。

● 第 17 條

公立就業服務機構對求職人應先提供就業諮詢，再依就業諮詢結果或職業輔導評量，推介就業、職業訓練、技能檢定、創業輔導、進行轉介或失業認定及轉請核發失業給付。
前項服務項目及內容，應作成紀錄。

● 第 23 條

中央主管機關於經濟不景氣致大量失業時，得鼓勵雇主協商工會或勞工，循縮減工作時間、調整薪資、辦理教育訓練等方式，以避免裁減員工；並得視實際需要，加強實施職業訓練或採取創造臨時就業機會、辦理創業貸款利息補貼等輔導措施；必要時，應發給相關津貼或補助金，促進其就業。

● **第 12 條**

主管機關得視業務需要，在各地設置公立就業服務機構。直轄市、縣(市)轄區內原住民人口達二萬人以上者，得設立因應原住民族特殊文化之原住民公立就業服務機構。

◉ **大量解僱勞工保護法摘錄**

● **第 4 條**

事業單位大量解僱勞工時，應於符合第二條規定情形之日起60日前，將解僱計畫書通知主管機關及相關單位或人員，並公告揭示。

● **第 11 條**

僱用勞工三十人以上之事業單位，有下列情形之一者，由相關單位或人員向主管機關通報：

一、僱用勞工人數在二百人以下者，積欠勞工工資達二個月；僱用勞工人數逾二百人者，積欠勞工工資達一個月。

二、積欠勞工保險保險費、工資墊償基金、全民健康保險保險費或未依法提繳勞工退休金達二個月，且金額分別在新台幣二十萬元以上。

三、全部或主要之營業部分停工。

四、決議併購。

五、最近二年曾發生重大勞資爭議。

● **第 17 條**

事業單位違反第四條第一項規定，未於期限前將解僱計畫書通知主管機關及相關單位或人員，並公告揭示者，處新台幣十萬元以上五十萬元以下罰鍰，並限期令其通知或公告揭示；屆期未通知或公告揭示者，按日連續處罰至通知或公告揭示為止。

⊙ **勞資爭議處理法摘錄**
● **第2條** 勞資雙方當事人應本誠實信用及自治原則，解決勞資爭議。

⊙ **身心障礙者職業重建服務專業人員倫理守則摘錄**

⊙ 專業人員提供當事人服務時，應遵守下列原則：
1. 尊重並致力於當事人自主權之維護。
2. 以當事人最大福祉為考量。
3. 對待當事人應公平，不得有差別待遇。
4. 以誠信方式對待當事人。
5. 面對倫理衝突時，應以保護生命為最優先考量原則。
6. 不斷充實自我，提升專業知能。
7. 尊重同僚且彼此支持及合作，共同增進當事人的福祉。
8. 努力促進社會大眾對身心障礙者的認識與接納。
9. 熟稔及遵守相關法令，維護社會大眾對職業重建服務的聲譽及信任。

⊙ **對當事人的倫理守則：**
1. 尊重當事人之自我決定能力，致力於當事人自主權之維護。當事人若因身心障礙特質而影響自我決定時，仍應透過各種方法增進當事人參與決定過程。
2. 提供服務時，不得因個人因素犧牲當事人之利益。
3. 對待當事人，不得以障礙類別、種族、階級、語言、思想、宗教、黨派、籍貫、出生地、性別、性傾向、年齡、婚姻、容貌、五官及社經地位為由而有差別待遇。
4. 應力求當事人能獲得所需服務，並盡可能提供多元服務，供當事人選擇使用。

5. 應重視當事人隱私權利，並保守秘密。有關當事人服務資料之蒐集、處理或利用應遵守個人資料保護法等相關法規之規定。

6. 應尊重同僚，彼此支持、相互激勵，並與其他專業同僚合作，共同增進當事人的福祉。

7. 對於其他專業人員或相關機構，不應以貶抑之言論論述其職業重建服務能力及品質。

8. 得知當事人與其他專業人員有持續之服務關係時，知會其他專業人員前，應充分向當事人說明，並盡力建立彼此之正向專業合作關係。

9. 應確保參與服務當事人之所有合作機構充分了解當事人的服務計畫與目標。

10. 作成服務計畫及流程時，應遵守並協助推動團隊之決議共識，但不得牴觸倫理守則。

11. 不得利用督導、評鑑，或教學之權威要脅同僚。

◉ **保守秘密於下列情況時，應予限制：**

1. 經當事人或其法定代理人書面同意。

2. 涉及緊急的危險性，基於保護當事人或其他第三者合法權益。

3. 專業人員負有警告責任時。

4. 專業人員依相關法令負有報告責任。

5. 當事人有致命危險的傳染疾病。

6. 經評估，認為當事人有自殺危險。

倫理守則重點摘錄：

◉ 提供服務時，應避免與當事人有雙重關係，以免影響客觀判斷，對當事人造成傷害。雙重關係包含親屬、專業關係外之社交、商業、志工、行政、督導、評鑑、親密的個人關係與性關係。

◉ 協助當事人規劃職涯目標時，應將當事人特質、意願與需求等納入考量，並獲得當事人同意。

◉ 提供各項服務時，應提供當事人無障礙環境與設施，使當事人或其法定代理人充分參與服務的過程。

◉ 對限制行為能力或無行為能力之當事人提供服務時，應取得法定代理人之書面同意。

◉ 基於倫理衝突、利益迴避或其他原因無法提供當事人服務時，應事先明確告知當事人，經其同意轉介或連結適當之服務，並於完成轉介或連結前，採取適當之措施，以保護當事人權益。

◉ 應了解轉介或連結之合作機構所提供之各項服務，以維護當事人權益，並確保服務之有效提供。

八、勞動統計要點

1. 勞動力人口數：年滿 15 歲、從事經濟活動之民間人口；未包含武裝勞動力與監管人口。

2. 繭居族 (蟄居族、隱蔽族、閉門族、家裡蹲(足不出戶)、尼特族、啃老族)(Not Employment,Education, Training, NEET)：台灣人數逐年增高，相對上畢業後年輕族群居多。

3. 民間勞動力：指在資料標準週內年滿 15 歲可以工作之民間人口，包括就業者及失業者。

4. 就業者：指在資料標準週內年滿 15 歲從事有酬工作者，或從事 15 小時以上之無酬家屬工作者。

5. 失業者：指在資料標準週內年滿 15 歲同時具有下列條件者：**1.無工作；2.隨時可以工作；3.正在尋找工作或已找工作在等待結果**。此外，尚包括等待恢復工作者及找到職業而未開始工作亦無報酬者。

6. 非勞動力：指在資料標準週內，年滿 15 歲不屬於勞動力之民間人口，**包括因就學、料理家務、高齡、身心障礙、想工作而未找工作且隨時可以開始工作及其他原因等而未工作亦未找工作者。**

7. **勞動力參與率：勞動力占 15 歲以上民間人口之比率。**

8. **失業率：失業者占勞動力之比率。**

九、勞工社保罰則綜合比較表：

項目	職災保險*	勞保	就保
投保文件及員工薪資資料未至少保存5年	2~10萬	6千~1.8萬	-
月投保薪資以多報少、以少報多	2~10萬	4倍x保費	4倍x保費
投保單位或雇主未依規定辦理投保或退保或由員工負擔	2~10萬	(1) 4倍x保費 (2)要求自付保費：2倍	(1)10倍x保費 (2)要求自付保費：2倍
查核投保單位文件，投保單位有妨礙、規避或拒絕	5~30萬元	6千~1.8萬	1~5萬
未協助恢復工作、未預告終止勞動契約、未予普通傷病假、留停或公傷病假	5~30萬元	-	-
未依規定給付或依期限給付	30萬~150萬	-	-
以詐欺或不正當方式詐領醫療保險金	2倍x(領取的醫療費用)+民刑事賠償	2倍x(領取的醫療費用)+民刑事賠償	2倍x(領取的醫療費用)+民刑事賠償
勞工違規不參加保險	-	100~500元	1500~7500元

*主管機關裁處罰鍰，應審酌與違反行為有關之勞工人數、違反情節、累計違法次數或未依法給付之金額，為量罰輕重之標準。

第二節 模擬考題與解答(學科：單選題)

1. 依據行政院主計總處之定義,雇主之定義屬於下列何者?
   1.合夥經營而未僱用他人工作者
   2.自己經營而僱用他人工作者
   3.為薪資而受僱者
   4.退休人員

   ◉　解答:2

2. 一個職業的工作內容,往往包含許多任務,每個任務也包含許多工作單元。每個工作單元內,包含許多不同的何項內容?
   1.理論方法
   2.意識哲學
   3.動作
   4.作業流程

   ◉　解答:3

3. 勞工保險普通事故保險的傷病給付,從住院不能工作之第幾日起發給?
   1.第 1 日
   2.第 3 日
   3.第 4 日
   4.第 11 日

   ◉　解答:3

4. 勞工因為職災事故持續前往診所施以門診、門診手術及住院治療，請問職災保險及保護法的職災傷病給付可否領取？
   1.都可以
   2.都不可以
   3.只有住院才可以
   4.視個案而定

◉　解答：1

5. 依據流行病學實證研究，輪班、夜間及長時間工作，與心肌梗塞、高血壓、憂鬱等疾病風險之相關性為何？
   1.正相關
   2.負相關
   3.無相關
   4.可正可負

●　解答：1

6. 小莉為身心障害且扶養 2 位幼兒，平均投保薪資為 3 萬元，被資遣後第二個月月初找到工作且年資已超過 3 個月，可領取提早就業獎助津貼多少錢？
   1. 75,000
   2. 60,000
   3. 96,000
   4. 45,000

●　解答：3
   30,000x0.8x8x0.5=96000

7. 相關係數之最大值是多少？
   1. 100
   2. 100%
   3. +1
   4. -1

● 解答：3
● +1 為完全正相關，-1 為完全負相關。

8. 特別強調生涯諮商關係應該雙方面相互尊重，便於當事人更了解自己，進而採取自己能夠接受的步驟？
   1. Rogers
   2. Williamson
   3. Corey
   4. Hary Porter
   5. Peterson

◉ 解答：1
◉ 個人中心諮商強調相互尊重及讓當事人了解自己`

9. 職業心理測驗所測評的職業興趣範圍，包含以下何項？
   1. 圖形知覺
   2. 智商高低
   3. 安全價值
   4. 動作協調性

◉ 解答：1
◉ 透過預設問題點選方式進行測評，無法測評 2~4 項。

10. 哪一項測驗可以了解求職者的親和力、表達能力與說服力？
    1. 職業興趣測驗
    2. 智力測驗
    3. 職業成就測驗
    4. 職業性向測驗
    5. 工作氣質測驗

⊙ 解答：5
⊙ 工作氣質測驗包含性格類別，例如：敬上順從。

11. 小莉因為公司合併改組，遭遇人生首次生涯轉變。請問依據 Brown(布朗)的價值基礎生活角色選擇論，應該優先處理哪些哪一項問題？
    1. 能力問題
    2. 情緒問題
    3. 人際關係問題
    4. 退休年限問題
    5. 個性問題

⊙ 解答：2
⊙ 先處理情緒，讓心情沉澱，再處理職涯問題。

12. Van Hoose 與 Kottler 制定一套倫理決策流程，用以協助助人工作者發展倫理決策模式，其中第一步驟為何者？
    1. 找出衝突或問題之相關因素
    2. 評估關係人權責福祉
    3. 識別衝突或兩難問題及問題發生之真實情況
    4. 參考專業倫理規範

⊙ 解答：3
⊙ 先找出問題所在

13. A 班施測職業性向測驗後，隔了兩個星期再施測一次，並計算兩次測量結果之相關性，主要是反映評估測驗的哪一項指標？
    1. 信度
    2. 效度
    3. 常模
    4. 樣本大小

⊙ 解答：1
⊙ 檢驗測驗的一致性、可靠性

14. 依據 Holland 的職業興趣測驗的六種興趣項目類別，與 R 實用型最不相似或最不一致的是哪項興趣類別？
    1. C
    2. E
    3. B
    4. S

● 解答：4
● R 實作型，溝通協調與人交際能力較差

15. 依據職業訓練法規定，技能檢定之職業證照，由哪一機關檢定？
    1. 考試院
    2. 內政部
    3. 有關公會
    4. 勞動部

● 解答：4

16. 關於政府採購人員行為準則之敘述，下列何者正確？
    1. 媒介親友至廠商任職
    2. 向廠商借錢
    3. 向廠商要求額外服務
    4. 偶發地收取廠商致贈之廣告物、紀念品或促銷品而且價值在 500 元以下

● 解答：4

17. 因故意或過失不法侵害他人之營業秘密者，須負擔損害賠償責任。但請求權人應該在知悉行為及賠償義務人時起，幾年內求償？
    1. 1 年
    2. 2 年
    3. 5 年
    4. 10 年

● 解答：2

18. 依據性別平等工作法規定，各級主管機關所設立的性別工作平等會，女性委員應佔全體委員人數的多少比例？
    1. 1/4
    2. 1/3
    3. 1/2
    4. 3/4

● 解答：3

- 男女平等,從各 1/2 開始。

19. 依據性別工作平等法規定,被害人因為性騷擾情事發生法律訴訟,在出庭期間,雇主應該給予哪一項假別?
    1. 事假
    2. 公假
    3. 生理假
    4. 公傷假

- 解答:2
- 公假才合理。

20. 依據性別工作平等法規定,勞工申請育嬰留停期滿後復職,雇主因法定原因未能使勞工復職者,至遲應該幾天內通知勞工?
    1. 7 日內
    2. 10 日內
    3. 30 日內
    4. 60 日內

- 解答:3

21. A 廠商的商標在我國已獲准註冊,若想將商品銷售到國外 A 國,請問是否需要再到國外申請商標?
    1. 需要,因為採取屬地保護原則
    2. 不一定,需視我國邦交國家而定
    3. 不需要,因為全球皆會統一承認台灣商標
    4. 不一定,須視是否為 WTO 會員公司

- 解答:1

22. 下列哪一種情形會造成失業率與勞動參與率同時下降？
    1. 公務人員提早退休(想找工作)
    2. 學生畢業後投入職場工作
    3. 家庭主婦外出工作
    4. 許多人因為長期失業而放棄尋找工作

● 解答：4
● 長期失業放棄尋找工作：屬於未找工作的非失業人口；
  造成失業率下降(失業人數分子相對降低)、勞動參與率
  下降(改列非勞動力、勞動力分子相對降低)。

23. 下列何者不是就業服務人員可以運用社會資源的主要方
    式？
    1. 評定
    2. 規劃
    3. 發掘
    4. 購買

● 解答：4
● 主要透過免費現有資源較佳。

24. 依據就業服務法，雇主申請聘僱外國人從事指定工作之
    招募或轉換雇主許可，需要繳納審查費多少錢？
    1. 100 元
    2. 200 元
    3. 500 元
    4. 1000 元

● 解答：2

25. 依據就業服務法規，若聘僱外國人之原雇主死亡，申請人與原被看護者為直系血親者，應該在事由發生日起幾日內，向主管機關申請接續聘僱外國人？
    1. 7 日內
    2. 30 日內
    3. 60 日內
    4. 45 日內

● 解答：3

26. 依據就業服務法規範，雇主招募或僱用勞工，若有不實的廣告，應處多少錢的罰鍰？
    1. 6 萬~30 萬
    2. 50 萬~250 萬
    3. 30 萬~150 萬
    4. 15 萬~75 萬
    5. 100 萬~500 萬

● 解答：3
● 不實招募廣告罰 30~150 萬，小心！

27. 請問就業保險法規定之提早就業獎助津貼發放條件包含以下何者？
    1. 受僱工作後參加就業保險至少 3 個月。
    2. 受僱工作後參加就業保險至少 2 個月。
    3. 受僱工作後參加就業保險至少 1 個月。
    4. 受僱工作後參加就業保險至少 6 個月。

● 解答：1

28. 受聘僱外國人入國工作滿半年，經定期健康檢查發現罹患痢疾陽性者，經過 65 日內再檢查至少達幾次均為陰性時，才能視為合格？
    1. 1 次
    2. 3 次
    3. 2 次
    4. 5 次

● 解答：2

29. 依據私立就業服務機構之收費項目及金額標準規定，接受本國求職人委任辦理就業服務業務，收取的登記費及介紹費合計不得超過求職人薪資的多少比率？
    1. 10%
    2. 100%
    3. 5%
    4. 20%

◉ 解答：3

30. 雇主招募本國勞工，若有招募不足情形者，在招募期滿次日起幾天內，得檢附資料文件，向公立就業服務機構申請求才證明書後，申請聘僱外籍勞工？
    1. 30 日
    2. 15 日
    3. 7 日
    4. 60 日

◉ 解答：2

辦理招募本國勞工，有招募不足者，得於所定招募期滿次日起十五日內申請聘僱外國人…

31. 依據勞工退休金條例，雇主未按時提繳退休金，逾期每日需要加徵滯納金多少比率？
    1. 3%
    2. 2%
    3. 5%
    4. 10%

● 解答：1
● 每日 3%

32. 依據勞工退休金條例，勞工留職停薪、入伍服役、因案停職或羈押判決尚未確定前，雇主應於發生事由之日起，幾日內以書面向勞保局申請停止提繳退休金？
    1. 7 日
    2. 10 日
    3. 30 日
    4. 60 日

● 解答：1

33. 依據勞保條例，被保險人平均月投保薪資為3萬元，生育了雙胞胎，得請領生育給付多少金額？
    1. 6萬
    2. 3萬
    3. 12萬
    4. 1.5萬

● 解答：3
● 3x4=12萬

34. 依據勞工退休金條例，勞工年滿幾歲得請領退休金？
    1.55歲
    2.61歲
    3.60歲
    4.65歲

● 解答：3

35. 繳納職業訓練費用的學員在開訓前退訓，職業訓練機構應依規範退還所繳費用的多少率？
    1.80%
    2.60%
    3.70%
    4.75%

● 解答：3

36. 阮氏在十年前透過仲介從越南嫁到臺灣,她的丈夫因為車禍半癱、失業,儘管家中稍有積蓄,但阮氏擔心坐吃山空,來到就業服務站求職,她不會看、寫中文,也沒有特殊工作技能。請問:哪種社會資源最能解決她的根本問題?

    1.職業訓練 2.醫療服務 3.托育服務 4.急難救助

⊙ 解答:1

37. 依大量解僱勞工保護法規定,下列敘述何者不正確?
    1.協商委員會達成之協議,其效力及於工會
    2.協商委員會置委員 5 人至 11 人
    3.協商委員會應由主席至少每 2 週召開 1 次
    4.勞雇雙方拒絕協商或無法達成協議時,主管機關應於
       10 日內召集勞雇雙方組成協商委員會

⊙ 解答:(1)

38. 依就業促進津貼實施辦法所定之求職交通補助金,每人每次原則得發給新臺幣 500 元。但每人每年度最多以發給幾次為限?
    1. 1 次 2. 4 次 3. 2 次 4. 3 次

⊙ 解答:(2)

39. 依私立就業服務機構收費項目及金額標準規定,媒合求職人與雇主成立聘僱關係之費用,屬於所定之何種收費項目?
    1.職業心理測驗費 2.服務費 3.就業諮詢費 4.介紹費

◉　解答:(4)

40. 同一事業單位於 60 日內解僱勞工逾多少人,即為大量解僱勞工保護法所稱「大量解僱勞工」?
    1.150 人 2. 50 人 3. 100 人 4. 200 人

◉　解答:(4)

41. 依勞動基準法規定,雇主終止勞動契約,依規定須發給勞工資遣費者,應於終止勞動契約至遲幾日內發給?
    1. 20 日 2. 30 日 3. 7 日 4. 15 日

◉　解答:(2)
◉　30 日內通知並支付資遣費。

42. 有關正向情緒的類型敘述,下列何者不正確?
    1.愛　2.放鬆 3.忌妒　4.熱情

◉　解答:(3)

43. 下列何者不屬於科學化的職業心理測驗？
    1.通用性向測驗 2.工作氣質測驗
    3.算命　　　　　4.興趣量表

◉　解答：(3)
◉　找出特立獨行的答案。

44. 請問下列何者「不是」個人資料保護法所定義的個人資料？
    1.身分證號碼 2.綽號
    3.最高學歷　　4.護照號碼

◉　解答：(2)

45. 近年來由於社會環境變遷與產業結構轉化快速，行政院主計總處於 2016 年第 10 次針對我國行業標準分類進行修訂，請問此一行業分類修訂結果，下列敘述何者正確？

    1.修訂為 19 大類、88 中類、247 小類、517 細類
    2.修訂為 19 大類、89 中類、254 小類、取消細類
    3.修訂為 19 大類、254 小類、551 細類，取消中類
    4.修訂為 19 大類、89 中類、551 細類，取消小類。

◉　解答：(1)

46. 下列哪一個心理諮詢（諮商）學派特別主張「協助來談者透過自己的身體經驗來覺察與轉化內在相互衝突的力量，以化解職業選擇過程中的衝突拉扯」？
   1.個人中心(person-centered)
   2.完形治療(gestalt therapy)
   3.現實治療(reality therapy)
   4.精神分析(psychoanalysis)

⊙　解答：(2)
⊙　完形強調透過當事人的覺察與轉化，化解衝突矛盾。

47. 依性別工作平等法規定，受僱者發現雇主違反本法第14條至第20條之促進工作平等措施規定時，得向地方主管機關申訴。地方主管機關應於接獲申訴後至遲幾日內展開調查？
   1. 3 日　2. 10 日　3. 5 日　4. 7 日

⊙　解答：(4)

48. 下列哪一個心理諮詢（諮商）學派特別主張「協助來談者檢核與駁斥不合理信念，以及重新建立合理信念，以調整求職過程的挫折情緒」？
   1.完形治療(gestalt therapy)
   2.精神分析(psychoanalysis)
   3.現實治療(reality therapy)
   4.理性情緒行為(rational-emotive behavior)

⊙　解答：(4)
⊙　理性行為治療：強調建立理性的心理。

49. 作業場所高頻率噪音較易導致下列何種症狀？
   1.失眠 2.腕道症候群 3.聽力損失 4.肺部疾病

◉ 　解答：(3)

50. 勞工若面臨長期工作負荷壓力及工作疲勞累積，沒有獲
   得適當休息及充足睡眠，便可能影響體能及精神狀態，
   甚而較易促發下列何種疾病？
   1.皮膚癌 2.腦心血管疾病
   3.肺水腫 4.多發性神經病變

◉ 　解答：(2)

51. 下列哪一個測驗是最適合用來瞭解求職者的工作潛能與
   能力？
   1.職業興趣測驗 2.職業性向測驗
   3.職業成就測驗 4.職業價值觀測驗

◉ 　解答：(2)
◉ 　性向測驗之檢測目的為"能力"

52. 請問下列何者非為個人資料保護法第 3 條所規範之當事人權利？
   1.請求停止蒐集、處理或利用
   2.請求刪除他人之資料
   3.查詢或請求閱覽
   4.請求補充或更正

⊙ 解答：(2)
請求刪除~~他人~~(自己)之資料

53. 下列何者非屬就業服務人員對求職人應有的倫理義務？
   1.確保隱私　　　　　2.忠實告知
   3.尊重個案的自主決定4.以個人標準影響個案

⊙ 解答：(4)

54. 依就業促進津貼實施辦法所定職業訓練生活津貼，申請人為身心障礙者，最長發給多久？
   1.1 年 2.9 個月 3.6 個月 4.1 年 6 個月

⊙ 解答：(1)

55. 依雇主聘僱外國人許可及管理辦法規定，甲公司聘僱 199 位外國人從事製造工作，其所聘僱之外國人中，依規定至少應配置具有雙語能力者幾人？
   1.4 人 2.2 人 3.1 人 4.3 人

⊙ 解答：(2)

56. 依受聘僱外國人健康檢查管理辦法規定，外籍勞工有不可歸責之重大事由，未能於規定期限內辦理定期健康檢查，雇主得檢具證明文件向所在地衛生主管機關報備，並於事由消失後至遲幾日內補辦定期健康檢查？
1.30 日 2. 15 日 3. 7 日 4. 10 日

◉　解答：(3)

57. 下列哪些不屬於就業媒合會談的催化問題解決技巧？
1.面質 2.轉介 3.角色扮演 4.資訊提供

◉　解答：(2)

58. 依據就業服務法規定，私立就業服務機構及其從業人員從事就業服務不得有下列哪一情事？
1.依規定填寫主管機關規定之報表
2.收取推介就業保證金
3.與雇主及求職人簽訂契約
4.不收受規定標準以外之費用

◉　解答：(2)
◉　不能收保證金，只能收介紹費、心理測驗費……

59. 有關就業諮詢人員在為求職者解釋測驗之結果的敘述，下列何者不正確？
　1.應力求客觀、正確
　2.應避免主觀、成見與偏見
　3.不須配合其他資料，以免畫蛇添足
　4.解釋之資料應視為專業之機密

◉　解答：(3)

60. 依勞動基準法規定，在一般情形下，雇主不得使女性勞工於下列哪一段時間內工作？
　1.午後 8 時至翌晨 6 時　2.午後 10 時至翌晨 6 時
　3.午後 9 時至翌晨 6 時　4.午後 7 時至翌晨 6 時。

◉　解答：(2)

61. 依就業服務法規定，雇主資遣員工係因天災、事變或其他不可抗力之情事所致者，應自被資遣員工離職之日起至遲幾日內，列冊通報當地主管機關及公立就業服務機構？
　1.7 日　2.5 日　3.3 日　4.10 日。

◉　解答：(3)

62. 馬斯洛(Maslow)的階層需求理論常被用於職涯輔導，下列敘述，何者為當事人最高一層的需求？
   1.自我實現 2.安全 3.生理 4.自尊。

◉　解答：(1)
◉　最高層次的需求：自我實現。

63. 為了有效促進求職者的瞭解，就業服務專業人員需要注意的事項中，下列何者較不正確？
   1.衡量求職者的接受程度，採取必要的後續回應
   2.求職者準備好要進行自我瞭解
   3.直接提出對求職者的觀點、看法或感覺，並邀請求職者回應
   4.與求職者建立好關係。

◉　解答：(3)

64. 依雇主聘僱外國人許可及管理辦法規定，雇主採網路傳輸方式申請聘僱外國人，申請文件書面原本，至少應自行保存多少年？
   1.3 年 2.2 年 3.1 年 4.5 年

◉　解答：(4)
◉　通常任何文件都須保存 5 年以上。

65. 下列何者符合專業人員的職業道德？
　　1.利用雇主的機具設備私自接單生產
　　2.未經顧客同意，任意散佈或利用顧客資料
　　3.盡力維護雇主及客戶的權益
　　4.未經雇主同意，於上班時間從事私人事務。

◉　解答：(3)

66. 依身心障礙者職業重建服務專業人員遴用及培訓準則規定，下列何者非屬專業人員應接受之主要繼續教育課程？
　　1.抒壓、心靈成長課程 2.專業相關法規課程
　　3.專業品質課程　　　 4.專業倫理課程。

◉　解答：(1)

67. 依勞動基準法規定，勞工在同一雇主或事業單位，繼續工作滿 10 年以上者，每 1 年加給 1 日之特別休假，最多加至幾日為止？
　　1. 45 日 2. 40 日 3. 30 日 4. 35 日。

◉　解答：(3)

68. 依性別工作平等法規定，女性受僱者因生理日致工作有困難者，每月得請生理假 1 日，全年請假日數未逾幾日，不併入病假計算？
 1. 3 日 2. 12 日 3. 6 日 4. 9 日。

◉ 解答：(1)

69. 當你說「我建議你....」時，小心對方很可能認為「你是在懷疑我解決問題的能力？」這是心理學家戈登(Gordan)所提出的哪一種溝通障礙？
 1. 喜歡做邏輯論證 2. 喜歡下診斷儼然是一副專家模樣
 3. 忠告　　　　　4. 喜歡採取命令式口吻

◉ 解答：(3)

70. 一般而言，冰山模式將職能分為 5 個層面，勞動部勞動力發展署曾經參考美國勞動部所研發編製的「通用性向測驗」，是在測量冰山模式的哪一層
 1. 特質 2. 技能 3. 動機 4. 知識。

◉ 解答：(1)
◉ 性向測驗，測驗當事人的人格特質。

71. 因舉重而扭腰係由於身體動作不自然姿勢，動作之反彈，引起扭筋、扭腰及形成類似狀態造成職業災害，其災害類型為下列何者？
 1. 不當動作 2. 不當方針 3. 不當狀態 4. 不當設備。

◉ 解答：(1)

72. 依大量解僱勞工保護法規定，僱用勞工 30 人以上之事業
    單位全部或主要之營業部分停工，由下列何者向主管機
    關通報？
    1.勞動力發展署 2.工會或該事業單位之勞工
    3.事業單位　　　4.勞工保險局。

⊙　解答：(2)

73. 依職業訓練機構設立及管理辦法規定，職業訓練機構之
    項目變更時，下列何者非屬應報請中央主管機關變更證
    書之記載項目？
    1.訓練職類及容量　　2.負責人
    3.職業訓練機構名稱　4.職業訓練機構所在地。

⊙　解答：(1)

74. 依就業服務法規定，雇主聘僱外國人從事家庭看護工，
    卻指派外國人從事農田耕種工作，經查獲應依就業服務
    法規定應處罰鍰新臺幣多少元？
    1.15 萬元以上 75 萬元以下
    2.10 萬元以上 50 萬元以下
    3.3 萬元以上 15 萬元以下
    4.6 萬元以上 30 萬元以下

⊙　解答：(3)
⊙　處罰雇主

75. 依就業服務法所定長期失業者，指連續失業期間達 1 年以上且辦理勞工保險退保當日前 3 年內，保險年資合計滿 6 個月以上，並於最近幾個月內有向公立就業服務辦理求職者？
    1. 2 個月　2. 3 個月　3. 4 個月　4. 1 個月。

◉　解答：(4)

76. 提供就業諮詢時，應避免下列何種事項？
    1. 安撫求職者情緒　　　2. 要求職者限期改變
    3. 說明就業服務的目的 4. 支持求職者調適壓力

◉　解答：(2)
◉　諮商之理念：由當事人自行決定。

77. 依外國人受聘僱從事就業服務法第 46 條第 1 項第 8 款至第 11 款規定工作之轉換雇主或工作程序準則規定，接續聘僱之雇主應於取得接續聘僱證明書之翌日起至遲幾日內，申請核發聘僱許可或展延聘僱許可？
    1. 30 日 2. 45 日 3. 15 日 4. 60 日

◉　解答：(3)

78. 依職業訓練法規定，職業訓練機構包括三類，下列何者不正確？
   1.以財團法人設立者
   2.事業機構、學校或社團法人等團體附設者
   3.政府機關設立者
   4.政治團體附設

⊙　解答：(4)

79. 雇主依受聘僱外國人健康檢查管理辦法規定，應於所聘僱之外籍看護工入國工作滿 6 個月、18 個月及第 30 個月之日前後最長幾日內，安排其至指定醫院接受定期健康檢查？
   1. 30 日　2. 60 日　3. 45 日　4. 15 日

⊙　解答：(1)

80. 依私立就業服務機構許可及管理辦法規定，私立就業服務機構向雇主收取介紹費，應於何時始得為之？
   1.求職人有求職行為後 2.私立就業服務機構推介完成後
   3.聘僱契約生效後　　　 4.雇主完成求才登記後

⊙　解答：(3)

81. 正向心理學(positive psychology)近年來常用於生涯輔導，其中六大美德智慧、勇氣、人道、正義、修養以及心靈上的超越之探討，最可能歸類至正向心理學的哪一主題？
    1.正向情緒 2.正向思考 3.正向環境組織 4.正向特質

⦿　解答：(4)

82. 近幾年國內大專學生延期畢業的現象日益普遍，這種現象會使國內勞動力參與率有何變化？
    1.上升 2.下降 3.不變 4.先上升後下降

⦿　解答：(2)

83. 人格測驗可測出
    1.工作能力　2.工作價值觀
    3.工作興趣　4.工作氣質

⦿　解答：(4)
⦿　性格測驗，諸如：順從性。

84. 當被雇主或面試主管詢問到「我擅長什麼工作時,我回答什麼我都可能坐或願意做」,此求職行為的作用?
   1.對大部分雇主,會有加分效果
   2.對大部分雇主,會有扣分效果
   3.有時加分、有時扣分
   4.無影響

◉　解答:2
◉　雇主喜歡明確正確的解答,而且每個職位所需的專業不同,雇主詢問的目的是想了解求職者的專長,而非願不願意做。

85. 當面試時被詢問到能不能談談您自己時,哪一項最貼近面試官的期望?
   1.想聽到求職者自傳或自我介紹。
   2.想聽到與應聘工作最相關的教育與工作經驗
   3.想聽到求職者兒時故事
   4.想聽到求職者家庭背景

◉　解答:2
◉　求職者關心的議題為適不適合這個職位。

86. 我國人力資源調查採取何種抽樣方式？
    1.分層抽樣
    2.簡單隨機抽樣
    3.系統抽樣
    4.隨興抽樣

⊙ 解答：1

87. 依據就業服務法規定，中高齡者的年齡區間為？
    1. 65~75 歲
    2. 45~65 歲
    3. 50 歲~70 歲
    4. 55~65 歲

⊙ 解答：2

88. 根據社會資本理論，就業服務員應該鼓勵求職者善用哪
    一種連結以獲得更多元豐富的就業資訊？
    1.正連結
    2.負連結
    3.強連結
    4.弱連結

⊙ 解答：4.弱連結
透過與平常較少連結關係的機構或對象，蒐集相關就業資
訊。

89. 以求職者為主體，求職者可以透過內在或外在的社會資源獲得協助，哪一項為外在資源？
    1. 家事服務
    2. 家人溝通
    3. 家人支持
    4. 自我搜尋

⊙ 解答：1.家事服務
透過外在的居家家事服務機構，可以協助求職者處理家務。

90. 雇主聘僱外國人從事營造工作，若外國人住宿地點變更，需要在幾天內通知當地主管機關？
    1. 7日內
    2. 14日內
    3. 10日內
    4. 30天內

⊙ 解答：1
● 相關事項之變更應於**變更後 7 日內**，以書面通知外國人工作所在地及住宿地點之當地主管機關

91. 雇主聘僱外國人從事看護工作，逾期繳納就業安定費並超過寬限期間，每日加徵多少的滯納金？

  1. 0.3%

  2. 0.5%

  3. 0.2%

  4. 0.1%

◉ 解答：1

● 逾期繳納就業安定費：可寬限 30 日，逾期每日加徵 0.3%滯納金，但滯納金最高以未繳金額之 30%為限

92. 下列何者非屬就業服務法第 1 項第 1~7 款雇主得聘僱外國人從事工作之類別：

  1.運動教練

  2.船員

  3.演藝人員

  4.3K製造工作

◉ 解答：4

● 3K 製造工作屬於就業服務法第 1 項第 8~11 款允許聘僱規範

● 3K 產業（髒、辛苦、危險產業）(日文發音第一個字皆為 K)。

93. 新雇主A公司接續聘用外國人B從事營造工作，B已逾一年未接受健康檢查，A公司至遲應於主管機關聘僱許可生效之日起，幾天內安排B接受健康檢查？

    1. 7日

    2. 10日

    3. 5日

    4. 15日

◉　解答：1

94. 雇主因為聘僱外國人從事工作，而導致資遣或解雇本國勞工之結果，按照被資遣或解雇人數予以處罰多少錢？

    1. 2~10萬

    2. 10~20萬

    3. 15~75萬

    4. 30~150萬

◉　解答：1

◉　依人數裁罰，每人2萬。

95. 依據就業服務法規定,辦理聘僱本國人在國內從事工作之就業服務機構申請設立,應向何者申請?

    1.所在地直轄市或縣市政府

    2.勞動部

    3.內政部

    4.經濟部

⊙　解答:1

⊙　就地管理即可。

96. 依據職災保險及保護法規定,投保單位未於期限內繳納之保險費,得寬限幾日?

    1. 30日

    2. 15日

    3. 10日

    4. 5日

⊙　解答:2;只有寬限半個月。

97. 依據職災保險及保護法規定,若對於保險人勞保局核定
之案件有爭議時,應自行政處分到達之翌日起,幾日內
向主管機關申請審議?

　1. 30日

　2. 60日

　3. 90日

　4. 120日

◉　解答:2

◉　2個月期間

98. 職業災害之相關疾病傷害文件之保有、處理及利用,須
依據哪一個法規辦理?

　1.個人資料保護法

　2.勞工保險條例

　3.勞動基準法

　4.就業保險法

◉　解答:1

◉　個人資料的特別法與專法管理。

99. 請領勞基法職災相關補償之權利，因幾年間不行使而消滅？
    1. 10 年
    2. 5 年
    3. 2 年
    4. 1 年

● 解答：(3)；2 年；退休 5 年

100. 失業期間超過 3 個月的失業勞工，依據就業保險促進就業實施辦法，每月可以請領多少金額的津貼？
    1. 9000 元
    2. 11000 元
    3. 13000 元
    4. 基本工資
● 解答：(1)；9000 元

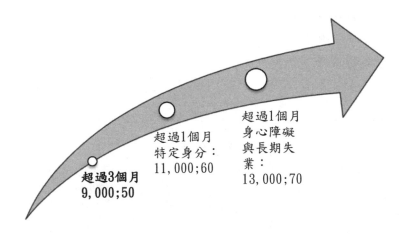

超過1個月
身心障礙
與長期失
業：
13,000;70

超過1個月
特定身分：
11,000;60

超過3個月
9,000;50

第三節 模擬考題與解答(學科：複選題)

1. 皮特森(Peterson)提出訊息處理層面的金字塔理論，包含那三個層面？
   1.情感層面
   2.執行層面
   3.知識層面
   4.決策層面

◉　解答：(2、3、4)

2. 小蔡到全聯公司上班，公司主管提醒小蔡應善盡員工的工作倫理責任，請問下列何者符合職場倫理期待？
   1.挪用公款來購買個人用品
   2.公司場所作為家庭聚餐場地
   3.提供採購底價給親友投標
   4.不可提供不實資訊或文件給客戶

●　解答：(2、4)
●　1、3已違反倫理規範

3. 下列何者屬於初次晤談的目標？
   1.了解個案對於個去與現在處境狀況的理解
   2.認識達成目標的可能障礙
   3.協助個案完成具體詳細的行動計劃
   4.辨識與定義個案的生涯目標

◉　解答：(1、2、4)

4. 依就業服務法規定,任何人有媒介外國人非法為他人工作之情事者,其處罰之規定,下列哪些為正確?
   1.處新臺幣 10 萬元以上 50 萬元以下罰鍰
   2.意圖營利而違反者,處 5 年以下有期徒刑、拘役或科或併科新臺幣 120 萬元以下罰金
   3.法人之代表人、法人或自然人之代理人、受僱人或其他從業人員,因執行業務違反規定者,除處罰其行為人外,對該法人或自然人亦科處各該項之罰鍰或罰金
   4.其於 5 年內再違反者,處 1 年以下有期徒刑、拘役或科或併科新臺幣 60 萬元以下罰金

◉　解答:(134)

5. 維吉尼亞•薩提爾(Virginia Satir)認為人際溝通方式,包括下列哪 3 項?
   1.討厭型 2.討好型 3.責備型 4.電腦型

◉　解答:(234)
◉　提出責備型、討好型、超理智、打岔型等溝通方式。
◉　藉由冰山觀點,闡述內在與外在一致化的重要性。

6. 蘭特、布朗和海克凱特(Lent, Brown, & Hackett)的社會認知生涯理論(social cognition career theory)提到自我效能會影響個人的興趣,同時也會對下列哪些行為,帶來影響?
   1.職業目標選擇範圍　2.表現成就
   3.環境改變　　　　　4.結果預期

◉　解答:(124)

7. 依性別工作平等法規定，受僱者於育嬰留職停薪期滿後，申請復職時，雇主有下列哪些情形，並經主管機關同意者，始得拒絕？
　1.歇業、虧損或業務緊縮者
　2.業務性質變更，有減少受僱者之必要，又無適當工作可供安置者
　3.不可抗力暫停工作達 1 星期者
　4.雇主依法變更組織、解散或轉讓者

◉　解答：(124)
◉　不可抗力暫停工作達 1 個月者

8. 職業輔導運用心理測驗之理由，包含下列哪 2 個項目？
　1.凸顯專業權威的必要性
　2.協助求職者進行人境媒合
　3.協助求職者了解自我
　4.減少求職者對環境知識的理解

◉　解答：(23)

9. 依勞動基準法規定，勞工繼續工作 4 小時，至少應有 30 分鐘之休息。但有下列哪些情形者，雇主得在工作時間內，另行調配其休息時間？
　1.工作有緊急性 2.實行輪班制
　3.工作有連續性 4.雇主需求性

◉　解答：(123)

10. 職業分析的基本資料與職業概述分析表，是用來描述一個職業的工作摘要與任務內容的一個表格，其中「待遇」項目用來描述待遇高低與從業人員的年資或工作技能有密切關係，因此把待遇分成三個等級，下列哪 3 個項目是正確？
    1.生手 2.高手 3.熟手 4.老手

◉ 解答：(134)
◉ 高手是不同的概念。

11. 有關就業市場資訊的調查統計發布，在中央政府中有許多機關會提供，下列哪些機關是主要提供者？
    1.國家發展委員會 2.勞動部
    3.行政院主計總處 4.內政部

◉ 解答：(123)

12. 請問有關行業與職業的敘述，下列何者正確？
    1.行業指工作者工作場所隸屬之經濟活動部門
    2.職業是指工作者本身所擔任之職務或工作
    3.行業與職業只是用語不同，但意思相似
    4.同一種職業之工作人員，不一定只歸屬在同一行業

◉ 解答：(124)

13. 下列何者可以成為就業服務的經濟資源？
    1.政府預算　　　　　　2.組織資源
    3.就業安定基金之孳息 4.民間贊助經費

◉ 解答：(134)

14. 下列何者與人際溝通的自我表達技巧比較有關？
 1.不尊重的態度　　2.內容具體易懂
 3.避免不當的推論評斷 4.明確清楚說明理由

◉　解答：(234)

15. 下列哪3個較屬於心理測驗中「效度」的概念範疇？
 1.區別效度 2.折半及再測效度
 3.內容效度 4.聚斂效度

◉　解答：(134)
*效度：有效程度。例如：需要選擇合適的測驗內容；相較其
他測驗具有區別性；相似測驗之測量結果具有高度關聯程度
**只有折半及再測信度，非效度。

16. 依私立就業服務機構收費項目及金額標準規定，營利就
　　業服務機構接受雇主委任辦理就業服務業務，得向雇主
　　收取費用之項目及金額，下列哪些正確？
 1.每一員工服務費每年不得超過新臺幣2千元
 2.招募之員工第一個月薪資逾平均薪資者，合計每一員工不
　　得超過其6個月薪資
 3.招募之員工第一個月薪資在平均薪資以下者，合計每一員
　　工不得超過其第1個月薪資
 4.得向雇主收取服務費、登記費及介紹費

◉　解答：(134)

17. 有關戲劇理論(Dramaturgical theory)的敘述，下列敘述何者正確？
   1.個人必須透過角色價值的體認與闡釋，經過一連串試驗的過程，才能夠成功的擁有該角色所代表的面子
   2.認為人類在舞台上演出社會所賦予的角色，為了維護顏面，便賣力的扮演好各自的角色
   3.認為人類不會為了維護顏面，而賣力的扮演各自的角色
   4.面子功夫有「台前」與「台後」之分

   ◉ 解答：(124)

18. 職業心理測驗依據受測對象，可分成哪2個類型？
   1.社會測驗 2.個別測驗
   3.團體測驗 4.社區測驗

   ◉ 解答：(23)

19. 依職業訓練法規定，職業訓練機構辦理不善或有違反法令或設立許可條件者，主管機關得視其情節為下列哪些處理？
   1.警告 2.限期改善
   3.罰鍰 4.停訓整頓

   ◉ 解答：(124)
   ● 沒有罰鍰，只會給予改善或停訓。

20. 依身心障礙者權益保障法規定,下列哪些場所不得提供非視覺功能障礙者從事按摩或理療按摩工作;其提供場地供視覺功能障礙者從事按摩或理療按摩工作者應予優惠?

 1.車站 2.停車場 3.民用航空站 4.醫療機構

◉ 解答:(134)

21. 依性別工作平等法規定,受僱者或求職者於釋明差別待遇之事實後,雇主應就差別待遇之下列哪些因素,負舉證責任?

 1.非經濟因素
 2.非性別因素
 3.非性傾向因素
 4.該受僱者或求職者所從事工作之特定性別因素

◉ 解答:(123)

22. 依就業服務法規定,公立就業服務機構提供之就業服務業務,下列何者正確?

 1.對職業訓練結訓者,應協助推介其就業
 2.與其業務區域內之學校應密切聯繫,協助學校辦理學生職業輔導工作
 3.為輔導缺乏工作知能之求職人就業,得推介其參加職業訓練
 4.對申請就業保險給付者,免推介其就業或參加職業訓練。

◉ 解答: (123)
◉ 需要推介工作後,才能符合就業保險給付的領取條件

23. 常用來測量所謂「知己」的工具與方法，不外乎是主觀直覺訊息判斷與客觀科學化測驗量表二種，下列敘述哪3個是主觀直覺訊息判斷方式？
  1.西洋星座 2.血型 3.職業興趣與成就量表 4.生肖特質

◉　解答：(124)

24. 一般公立就業服務機構最常用的就業服務統計指標，包含哪幾項？
  1.求才利用率
  2.幸福比率
  3.求職(求才)有效人數
  4.求職就業率

◉　解答：(1 3 4)

25. 有關就業服務人員必備的知識運用，何者正確？
  1.尊重而不侵犯當事人的權益
  2.儘可能對當事人做出正確的判斷
  3.增加當事人的適應能力
  4.設法影響當事人的選擇

◉　解答：(1,2,3)

26. 下列何者是就業服務人員從事就業服務時，應遵守的職業道德？
   1.保守秘密
   2.誠實信用
   3.自我優先
   4.依法執行

◉　解答：(1,2,4)
●　原則上仍應以客觀公平為原則，而非自我主觀態度。

27. 職業心理測驗依據測驗材料分類，可以區分為哪二項類型？
   1.語文測驗
   2.非語文測驗
   3.情緒測驗
   4.職業性向測驗

◉　解答：(1、2)
◉　語文與非語文相對應

28. 人際溝通的三項必要元素包含以下哪幾項？
   1.發出訊息者
   2.接受訊息者
   3.訊息媒介
   4.資訊科技

◉　解答：(1、2、3)
◉　發訊息、處理、接收概念

29. Piaget(皮亞傑)的認知發展理論,強調生涯是一個學習的過程,通常經歷哪三項階段?
    1. 調適
    2. 平衡
    3. 進步
    4. 同化

  ◉　解答:(1、2、4)

30. 就業服務諮詢人員在諮詢過程中需扮演哪些角色?
    1. 診斷評估者
    2. 協調者
    3. 治療者
    4. 教導者

  ◉　解答:(1、2、4)
  ◉　治療屬於醫師範疇。

31. 後現代主義的觀點主要強調應協助當事人進行職涯探索,下列關於後現代主義之特徵敘述何者正確?
    1. 驗證性
    2. 不確定性
    3. 多元性
    4. 去中心性

  ◉　解答:(2、3、4)

32. 蘭特、布朗與海克凱特(Lent, Brown, Hackett)的社會認知
生涯理論提及三個分段模式，該三個分段模式包含下列
何項？
    1. 職業選擇模式
    2. 興趣發展模式
    3. 行動管理模式
    4. 表現及成果模式

● 解答：(1、2、4)

33. 下列有關工作場所之安全衛生提升方式，何者正確？
    1. 應備妥足夠急救藥品及器材
    2. 機器設備應配置安全措施
    3. 勞工接觸汙染物時，應有安全防護措施並備有清洗
       設備
    4. 勞工應定期接受健康檢查
    5. 工作場所應備有免費咖啡機及飲料機

● 解答：(1、2、3、4)

34. 就業服務人員應具備哪些能力？
    1. 一般諮商能力
    2. 法規訂定能力
    3. 管理與行政能力
    4. 資訊處理能力

● 解答：(1、3、4)

35. 依據勞保條例,被保險人或其受益人對於那幾種年金給付應擇一請領?
    1. 老年年金
    2. 身心障礙年金
    3. 失能年金
    4. 遺屬年金
    5. 勞工退休年金

● 解答:(1、3、4)
● 身心障礙年金為國民年金保險之給付項目。

36. 依據就業保險促進就業實施辦法,勞動部為穩定職災勞工穩定就業,得採取以下哪些措施?
    1. 雇主僱用職災勞工獎助
    2. 採取促進職災勞工穩定就業措施
    3. 全額補助工廠之機器設備
    4. 提供職災勞工重返職場之補助

● 解答:(1、2、4)

37. 依據就業保險促進就業實施辦法,促進就業措施之範圍包含以下哪些項目?
    1. 職業訓練生活津貼
    2. 推介臨時性工作
    3. 補助求職交通費用
    4. 僱用獎助措施

● 解答:(2、3、4)

說明：職業訓練生活津貼非屬於就業保險促進就業實施辦法
　　　的津貼，屬於就業保險法或就業服務法授權之就業促
　　　進措施。

38. 依據勞資爭議處理法規定，勞資爭議在調解、仲裁或裁
　　決期間，雇主不得採取哪些行為？
　　1.　罷工
　　2.　歇業
　　3.　終止勞動契約
　　4.　其他不利於勞工之行為

● 解答：(2、3、4)

39. 職業分析流程的前三個步驟敘述，指下列哪三個項目：
　　1.　擬定機構調查計畫
　　2.　進行機構調查
　　3.　進行職業分析
　　4.　擬定分析的職業

● 解答：(1、2、4)

40. 職業分類的工具可包含哪些依據準則？
　　1.　職業分類典
　　2.　求職注意事項
　　3.　全國人力狀況運用調查
　　4.　職業展望手冊
　　5.　職業探索指南

● 解答：(1、4、5)

41. 下列哪一類型的求職者適合以功能型履歷表方式凸顯其工作能力。
    1. 工作或聘用期間斷斷續續
    2. 擁有連續而豐富工作紀錄者
    3. 離職一段時間後回到勞動市場的求職者
    4. 經常從事短期工作的勞工

● 解答：(1、3、4)

42. 戈登(Gordan)提出 12 種溝通障礙類型，包含哪些項目？
    1. 說教方式
    2. 專家模樣溝通
    3. 批評方式
    4. 採邏輯論證
    5. 親切和藹

● 解答：(1、2、3、4)

43. 依據勞動基準法規定，勞動契約可區分為定期契約及不定期契約，下列何者工作，得為定期契約？
    1. 臨時性工作
    2. 繼續性工作
    3. 短期性工作
    4. 季節性工作

解答：(1,3,4)

◉ 繼續性工作，表示為無期限(不定期)的契約。

44. 依據勞基法規定，下列哪些情況，雇主得預告勞工終止勞動契約？
    1.歇業或轉讓時
    2.勞工1個月內曠工達6日者
    3.勞工對於所擔任之工作不能勝任
    4.虧損或業務緊縮時

解答：(1,3,4)

◉　勞工1個月內曠工達6日者，雇主得不經預告直接終止勞動契約。

45. 依據身心障礙者權益保障法，下列何者是縣市政府勞工機關應推動法定機構？
    1.職業訓練機構
    2.就業服務機構
    3.庇護工場
    4.職業重建服務機構

解答：(1,2,3)
● 身心障礙福利機構得依各目的事業主管機關相關法規規定辦理身心障礙者職業訓練、就業服務、庇護工場、早期療育、醫療復健及照護等業務。
● 實務上，許多機構也自行設立職業重建單位，但須視個案之情況而定。

46. 依據性別工作平等法規定，雇主不能因為員工提起申訴或協助他人申訴，而有下列的行為？

    1.處分

    2.調職

    3.解雇

    4.升遷

● 解答：(1,2,3)

● 升遷是好事，所以當然可以。

47. 依據職災保險及保護法規定，勞工遭遇職業傷病而產生失能或死亡，勞工或遺屬可申請那些額外津貼補助？

    1.照護補助

    2.失能補助

    3.死亡補助

    4.租屋補助

◉ 解答：(1,2,3)

◉ 直接給現金補助，沒有租屋補助。

第四節 模擬考題與解答(術科:問答/簡答)

一、外籍看護工疑似遭受僱主性侵害,請依就業服務法規範回答以下問題:
1.應該在知悉後幾小時內通報?
2.通報機關包含哪些單位?

參考解答:
1.應該在知悉後 24 小時小時內通報。
2.通報機關:主管機關、入出國管理機關、警察機關、其他司法機關。

二、小莉為身心障礙者,前往面試時,雇主因為身心障礙為由不錄用小莉,雇主應受多少罰鍰?公立就業服務機構會提供小莉哪些適性就業輔導內容?申請職業重建之職務再設計服務,如何申請?

參考解答:
1. 罰鍰金額:處新台幣 30 萬元以上 150 萬元以下罰鍰。
2. 適性的就業輔導內容:
   ✓ 職涯規劃。
   ✓ 職業心理測驗。
   ✓ 團體諮商。
   ✓ 就業觀摩。
3. 小莉需要職業重建之職務再設計服務,得由身心障礙者本人(小莉)或其監護人向各級勞工主管機關提出申請。

三、小明 111 年 1 月 1 日年滿 48 歲，其自 100 年 1 月 1 日起任職於 A 公司，111 年 1 月 1 日因 A 公司經營不善關廠而被資遣退保後，截至目前仍失業中，請依就業服務法及就業保險法規定，回答下列問題：

1.小明至公立就業服務機構求職，是否需要繳交登記費及介紹費？

2.公立就業服務機構首先會提供就業諮詢的服務，再依就業諮詢結果或職業輔導評量，提供推介就業等服務，請說明其中 3 項服務項目為何？

3.小明經勞動部勞工保險局審查符合失業給付請領條件，請問依規定最長可以請領幾個月？

4.如他於失業給付請領期限屆滿前受僱工作，並參加就業保險滿 3 個月，得向勞動部勞工保險局申請何種津貼？又此津貼給付的標準為何？

參考解答：

1. 免費。

2. 推介就業、學助安排職業訓練或技能檢定、創業輔導、轉介相關單位或失業認定及轉請核發失業給付。

3. 九個月。

4. 可請領提早就業獎助津貼，領取標準依據剩餘未領取的失業給付金額的半數給付。

四、依就業服務法規定，本國雇主於第一次聘僱外國人從事家庭看護工作或家庭幫傭者，應於申請聘僱或接續聘僱許可前參加聘前講習。請回答下列問題：

1.聘僱家庭看護工之雇主無法參加聘前講習，得由與被看護者具有何種關係者，且共同居住或代雇主對家庭看護工行使管理監督地位之人參加，請依「雇主聘僱外國人從事家庭看護

工作或家庭幫傭前講習實施辦法」敘明其中 3 種與被看護者身分之關係？

2.聘前講習辦理方式除可以預約方式至直轄市或縣（市）政府所指定場所，參加 10 人以上之團體講習外，還有哪 2 種方式辦理？

3.請問講習內容包含哪些？上課時數多久？

參考解答：

(一)

1.配偶。

2.直系血親。

3.三親等內之旁系血親或一親等之姻親。

4.祖父母與孫媳婦或祖父母與孫女婿。

5.雇主為被看護者時，受其委託處理聘僱管理事務之人。

(二)聘前講習得以下列方式辦理：

1.臨櫃講習：參加講習者至公立就業服務機構參加講習。

2.團體講習：同時參加講習為十人以上者，應以預約方式至直轄市或縣（市）政府所指定場所，參加講習。

3.網路講習：參加講習者至中央主管機關所建立之聘前講習網站，參加講習。

(三)聘前講習之時數至少為一小時；其內容應包括下列事項：

1.聘僱外國人之相關法令。

2.外國人健康檢查及其罹患法定傳染病之處置。

3.聘僱外國人入國後應辦理事項。

4.外國人權益保障。

5.其他與外國人聘僱管理有關之事項。

五、華國航空公司因業務緊縮擬解僱勞工,請依大量解僱勞工保護法及勞資爭議處理法,回答下列問題:

1. 解僱情形如屬「大量解僱勞工」,事業單位應於符合規定情形之日起幾日前,將解僱計畫書通知主管機關及相關單位或人員,並公告揭示?

2. 又依前項規定,應通知哪3種相關單位或人員,請依順位依序回答?

3. 假設小莉未具有就業保險身分,依據就業服務法令規定,申領該法令之職業訓練生活津貼,依法小莉全部可以申請多少職業訓練生活津貼?

4. 被解僱勞工如認解僱為非法,而生勞資爭議,此種勞資爭議係屬權利事項或調整事項之勞資爭議?該勞資爭議得依勞資爭議處理法所定之哪3種程序處理之?

參考解答:

1.60 日前

2.通知相關單位或人員之順序如下:

(1)事業單位內涉及大量解僱部門勞工所屬之工會。

(2)事業單位勞資會議之勞方代表。

(3)事業單位內涉及大量解僱部門之勞工。

3.小莉得參加就業促進津貼實施辦法之全日制職業訓練並請領津貼補助,津貼金額為基本工資的 60%。

4.屬於權利事項之勞資爭議;得採調解、仲裁或裁決程序處理。

六、請就航空公司罷工事件,請說明依據勞工爭議處理法規範,何謂權利事項與調整事項勞資爭議?各得採取哪些處理程序?兩種爭議事項,勞工皆可採取罷工嗎?

參考解答:

1.權利事項之勞資爭議:指勞資雙方當事人基於法令、團

體協約、勞動契約之規定所為權利義務之爭議。
2.權利事項之勞資爭議，得依調解、仲裁或裁決程序處理。
3.調整事項之勞資爭議：指勞資雙方當事人對於勞動條件
　主張繼續維持或變更之爭議。
4.調整事項之勞資爭議，得依調解、仲裁程序處理。
5.權利事項之勞資爭議，勞工不得罷工。調整事項之勞資爭
　議，勞工得罷工；勞方當事人，應為工會。工會非經會員以
　直接、無記名投票且經全體過半數同意，不得宣告罷工。

七、對於身心障礙者，有哪些措施可幫助他們適性就業？
參考解答：
1.運用各公立就業服務中心、台灣就業通及就業服務免付費專
　線 0800-777888，提供就業機會資訊及就業媒合服務。
2.透過補助地方政府設置職業重建服務窗口。
3.提供職業輔導評量服務。
4.提供支持性就業服務：提供個別化之就業安置、訓練及工作
　協助。
5.提供庇護性就業服務。
6.提供居家就業服務。

八、良好品質的測驗應具備的那些要素？
參考解答：
1.效度：有效的程度，一個測驗能測量到它所想測量特質的
　　　　程度。
2.信度：測驗結果之一致性或可靠性程度。
3.常模：各項測驗的普遍機率分配情況，可做為解釋測驗的依
　　　　據。例如：依照百分等級或標準分數等評分進行受測
　　　　者的高低差異進行比較。
4.實用性高：心理測驗容易實施、容易評分、容易解釋與解
　　　　　　釋說明。

九、小莉為 A 醫院之護理人員，為照顧病患，工作採輪班制，每週更換班次，請回答下列問題：

1.依勞動基準法規定，輪班更換班次時，至少應有連續 11 小時之休息時間。但因哪 2 種事由，經中央目的事業主管機關商請中央主管機關公告者，得變更休息時間不少於連續 8 小時？

2.小莉因生理日致工作有困難，依性別工作平等法規定，每月得請生理假 1 日，全年請假日數未逾多少日者，不併入病假計算？

3.醫院（雇主）依勞工退休金條例規定，應為小莉按月負擔提繳不得低於工資 6% 退休金，儲存於勞保局設立之勞工退休金個人專戶，而該勞工退休基金除作為哪 2 項之用外，不得扣押、供擔保或移作他用？

4.依據勞工退休金條例，勞工得每月自願提繳退休金，其自願提繳部分得自當年度哪一所得總額中扣除？另外，A 醫院應該每隔多久以書面通知勞工提繳之金額？

參考解答：

1.

(1)勞工工作採輪班制者，其工作班次，每週更換一次。但經勞工同意者不在此限。依前項更換班次時，至少應有連續十一小時之休息時間。

(2)因工作特性或特殊原因，經中央目的事業主管機關商請中央主管機關公告者，得變更休息時間不少於連續八小時。

2.女性受僱者因生理日致工作有困難者，每月得請生理假一日，全年請假日數未逾三日，不併入病假計算，其餘日數併入病假計算。併入及不併入病假之生理假薪資，減半發給。

3.勞工退休基金除作為給付勞工退休金及投資運用之用外，不得扣押、供擔保或移作他用。

4.

(1)勞工得在其每月工資百分之六範圍內，自願提繳退休金，

其自願提繳部分，得自<u>當年度個人綜合所得總額</u>中全數扣除。

(2)雇主提繳之金額，應每月以書面或約定方式(薪資單或電子資料傳輸方式)通知勞工。

十、小莉自高中畢業後為習得一技之長，至公立職業訓練機構參加職業訓練，結業後報名技術士技能檢定取得技術士證，並透過公立就業服務機構推介至某事業單位就業，請回答下列問題：

(1)事業單位進用技術性職位之人員小莉，依職業訓練法規定，取得乙級技術士證者，得比照哪一層級學校畢業程度遴用？取得甲級技術士證者，得比照哪一層級校院以上畢業程度遴用？

(2)事業單位應為所僱用人員小莉投保勞工保險，依勞工保險條例規定，被保險人或其受益人或其他利害關係人，為領取保險給付，故意造成保險事故者，勞工保險局除給與哪一津貼外，不負發給其他保險給付之責任？

參考解答：

1.進用技術性職位人員，取得乙級技術士證者，得比照專科學校畢業程度遴用。取得甲級技術士證者，得比照大學校院以上畢業程度遴用。

2.被保險人或其受益人或其他利害關係人，為領取保險給付，故意造成保險事故者，保險人(勞工保險局)除給付喪葬津貼外，不負發給其他保險給付之責任。

十一、A公司因國際貿易市場景氣影響而業務緊縮，擬解僱勞工。請回答下列問題：

（一）依大量解僱勞工保護法規定，解僱如屬大量解僱勞工情形，在無天災、事變或突發事件情況下，A公司逾60日仍

未將解僱計畫書通知主管機關及相關單位或人員,並公告揭示。對 A 公司違法行為,依該法第 17 條規定,主管機關可採取哪 3 種行政處分?

(二)依勞資爭議處理法規定,上開解僱如滋生勞資爭議,勞資雙方應本哪 2 種原則,解決勞資爭議?

參考解答:

(一)

1.處新台幣十萬元以上五十萬元以下罰鍰,並限期令其通知或公告揭示。

2.屆期未通知或公告揭示者,按日連續處罰至通知或公告揭示為止。

(二)應本誠實信用及自治原則。

十二、小莉為大學應屆畢業生,希望能至金融業擔任銀行櫃員,但住家附近並無相關職缺,經公立就業服務機構諮詢後推介至台北某銀行順利錄取上班,因距離住家超過 30 公里,公立就業服務機構協助其申請跨域就業補助。請依青年跨域就業促進補助實施辦法規定,回答下列問題:

(1)小莉如決定通勤,則其得申請哪一種跨域就業補助?依該辦法之補助標準為每個月可領新台幣多少元及最長可領多少個月?

(2)小莉如決定搬至台北居住,則其得申請哪 2 種跨域就業補助?依該辦法之補助標準最高各可領新台幣多少元?

參考解答:

1. 可請領異地就業交通補助金,依下列規定核發:
   - 未就業青年就業地點與原日常居住處所距離三十公里以上未滿五十公里者,每月發給新台幣一千元。
   - 未就業青年就業地點與原日常居住處所距離五十公里以上未滿七十公里者,每月發給新台幣二千元。

■　未就業青年就業地點與原日常居住處所距離七十公里以上者，每月發給新台幣三千元。
■　前項補助金最長發給十二個月。

2.
(1) 可請領搬遷補助金，以搬遷費用收據所列總額核實發給，最高發給新台幣三萬元。
(2) 可請領租屋補助金，自受僱且租賃契約所記載之租賃日起，以房屋租賃契約所列租金總額之百分之六十核實發給，每月最高發給新台幣五千元，最長十二個月。

十三、依就業服務法規定，雇主聘僱外國人有連續曠職三日失去聯繫情事，請回答下列問題：
（一）雇主應於幾日內，以書面通知哪3個機關？
（二）雇主所聘僱之外國人，經入出國管理機關依規定遣送出國者，其遣送所需之旅費及收容期間之必要費用，請回答3個應負擔者之優先順序。

參考解答：
1.受聘僱之外國人有連續曠職三日失去聯繫或聘僱關係終止之情事，雇主應於三日內以書面載明相關事項通知當地主管機關、入出國管理機關及警察機關。

2.雇主所聘僱之外國人，經入出國管理機關依規定遣送出國者，其遣送所需之旅費及收容期間之必要費用，應由下列順序之人負擔：
(1)非法容留、聘僱或媒介外國人從事工作者(應負連帶責任)。
(2)遣送事由可歸責之雇主。
(3)被遣送之外國人。

十四、請依就業服務法相關規定，回答下列問題：
（一）依青年跨域就業促進補助實施辦法所定跨域就業補助，有哪 4 種補助金？
（二）就業服務法所定隱私資料，依就業服務法施行細則規定，有哪 3 種類別之資訊？
（三）勞動部於經濟不景氣致大量失業時，為避免裁減員工，得鼓勵雇主協商工會或勞工，哪 3 種方式辦理？

參考解答：
1.跨域就業補助，分下列四種：
➢ 　求職交通補助金。
➢ 　異地就業交通補助金。
➢ 　搬遷補助金。
➢ 　租屋補助金。

2.隱私資料，包括下列類別：
➢ 　生理資訊：基因檢測、藥物測試、醫療測試、HIV 檢測、智力測驗或指紋等。
➢ 　心理資訊：心理測驗、誠實測試或測謊等。
➢ 　個人生活資訊：信用紀錄、犯罪紀錄、懷孕計畫或背景調查等。
3.縮減工作時間、調整薪資、辦理教育訓練等方式辦理。

十五、依性別工作平等法規定，雇主對受僱者薪資之給付，不得因性別或性傾向而有差別待遇；其工作或價值相同者，應給付同等薪資。請回答基於哪 5 種正當理由，不在此限？

參考解答：

雇主對受僱者薪資之給付，不得因性別或性傾向而有差別待遇；其工作或價值相同者，應給付同等薪資。但基於下列原因者，不在此限。

1. 年資
2. 獎懲
3. 績效
4. 其他非因性別因素之正當理由
5. 其他非因性傾向因素之正當理由

十六、請依勞動基準法規定，回答下列問題：

（一）何謂童工？

（二）童工及 16 歲以上未滿 18 歲之人，不得從事哪 2 種性質之工作？

（三）童工不得於 1 天中哪一時間內工作？

（四）女工因健康或其他正當理由，雇主不得強制其於 1 天中哪一時間內工作？

（五）勞工之特別休假，因年度終結或契約止而未休之日數，雇主應如何辦理？

參考解答：

1.十五歲以上未滿十六歲。

2.不得從事危險性或有害性之工作。

3.童工不得於午後八時至翌晨六時之時間內工作。

4.正常工作時間以外之工作。

5.可以遞延至次年或發給工資。

十七、小莉在 A 公司工作了五年，最近因故失業了，她希望運用政府提供的就業資源來幫助自己度過此一失業危機。請列出政府對失業者提供的相關就業促進的措施或津貼協助，任舉 5 項。

參考解答：
1.求職交通補助金。
2.臨時工作津貼。
3.職業訓練生活津貼。
4.創業貸款利息補貼。
5.失業保險給付。

十八、小莉發現事業單位違反勞動基準法及其他勞工法令規定時，得向雇主、主管機關或檢查機構申訴。依勞動基準法規定，試述雇主不得因勞工之上述申訴，而予以哪些不法行為？

參考解答：

1.勞工發現事業單位違反勞基法及其他勞工法令規定時，得向雇主、主管機關或檢查機構申訴。
2.雇主不得因勞工申訴，而予以解僱、降調、減薪、損害其依法令、契約或習慣上所應享有之權益，或其他不利之處分。

十九、 請依勞工退休金條例規定，試述勞工年滿六十歲，依其工作年資不同，得請領退休金之方式？

參考解答：
勞工年滿六十歲，得依下列規定之方式請領退休金：
1.工作年資滿十五年以上者，選擇請領月退休金或一次退休金。
2.工作年資未滿十五年者，請領一次退休金。

二十、請依勞工保險條例第 9 條規定，試述被保險人有哪五種情形其中之一者，得繼續參加勞工保險？

參考解答：
被保險人有下列情形之一者，得繼續參加勞工保險：
1.應徵召服兵役者。
2.派遣出國考察、研習或提供服務者。
3.因傷病請假致留職停薪，普通傷病未超過一年，職業災害未超過二年者。
4.在職勞工，年逾六十五歲繼續工作者。
5.因案停職或被羈押，未經法院判決確定者。

二十一、國際管理學大師 Peter Drucker 彼得杜拉克強調目標管理(MBO)有助於提升實踐效能，主張目標設定要符合 SMART 原則。請說明 SMART 五個英文字母分別代表的中文字詞及意涵為何？

參考解答：
1. 目標必須是具體的（Specific）
2. 目標必須是可以衡量的（Measurable）
3. 目標必須是可以達到的（Attainable）
4. 目標必須和其他目標具有相關性（Relevant）
5. 目標必須具有明確的截止期限（Time-based）

二十二、雇主使勞工於勞動基準法所定休息日工作，有關休息日之工作時間及工資之加給與計算，請依勞動基準法規定，回答下列問題：
（一）工作時間在 2 小時以內者，其工資按平日每小時工資額另再加給多少以上？

（二）承上，工作 2 小時後再繼續工作者，按平日每小時工資額另再加給多少以上？

參考解答：
休息日之工作時間及工資之加給與計算方式如下：
1. 2 小時以內：按平日每小時工資額另再加給一又三分之一以上。
2. 工作 2 小時後：按平日每小時工資額另再加給一又三分之二以上。

二十三、依據勞動部統計資料顯示，透過各公立就業服務機構據點，辦理一般職業介紹、就業甄選（代招代考）等就業服務業務情形，假設：新登記求職人數為 60,000 人，新登記求才人數為 100,000 人，推介就業人數 30,000 人，求才僱用人數 50,000 人，請回答下述問題：
（一）求職就業率、求供倍數分別是多少？
（二）如果「求供倍數」等於 1、大於 1、小於 1，各代表什麼意涵？

參考解答：
1. 求職就業率＝(推介就業人數/求職人數)×100%；
　　　＝(30,000/ 60,000)x100%＝50%。
2. 求供倍數＝求才人數/求職人數
　　　＝100,000÷60,000＝1.67。
3. 求供倍數等於 1：代表每一位求職者有一個工作機會。
4. 求供倍數大於 1：代表每一位求職者有一個以上的工作機會。
5. 求供倍數小於 1：代表每一位求職者面臨低於一個工作機會的情況。

二十四、台灣地區景氣對策信號為黃紅燈、紅燈、綠燈、黃藍燈、藍燈，各代表之景氣意義為何？

參考解答：

1.景氣燈號紅燈代表「景氣過熱」

2.黃紅燈代表「景氣趨熱」

3.綠燈代表「景氣穩定」

4.黃藍燈為「景氣趨弱」

5.藍燈代表「景氣低迷」

二十五、小莉是肢體障礙者，有 1 位未成年女兒，經過某就業中心職訓諮詢後，推介參加 6 個月期之全日制工業設計資訊職類訓練，依法小莉可以申請職訓生活津貼。請回答下列問題：

1. 假設小莉符合就業保險給付資格，且就業保險退保之當月起前 6 個月平均月投保薪資是新台幣 3 萬元，依法小莉全部可以申請多少職業訓練生活津貼？
2. 請問受訓結束後未能找到工作，可否繼續請領失業給付，可領取幾個月？可領取多少錢？

參考解答：

1. 30,000x70%=21,000，每月得領取 2.1 萬。

2.職業訓練生活津貼得領取 6 個月。6 個月訓練期間屆滿，小莉得請領 9 個月的失業給付，每月領取金額為 2.1 萬。

二十六、小莉為某金融保險機構業務員，上週與 A 公司蔡客戶洽談業務時，遭受蔡客戶性騷擾，請回答以下問題：

1.依據性別工作平等法規定，A 公司應採取立即有效之哪 2 項措施？

2.依據勞基法，小莉除年滿 65 歲以外，其他哪些情況，公司得強制其退休？

3.依據職災保險及保護法規定，勞工因職業傷害受傷持續治療中、無法取得原有薪資，第 4 日起，每隔幾日得請領傷病給付？

參考解答：

1.應採取立即有效之**糾正及補救**措施。

2.

(1)身心障礙不堪勝任工作：例如執行職務導致心神喪失或身體殘廢(職災)。

(2)對於擔任具有危險、堅強體力等特殊性質之工作者，得由事業單位報請中央主管機關予以調整。

3.每 15 日給付一次。

二十七、小莉畢業後錄取紅螞蟻公司擔任技術員，公司自行辦理員工進修訓練並鼓勵小莉參加技能檢定，請回答以下問題：

1.依據職業訓練法規定，事業機構辦理進修訓練，應該在年度終了後幾個月內將辦理情形，呈報主管機關備查？

2.中央主管機關辦理的技能檢定之職類，除不宜分級外，可區分為哪幾級？

參考解答：

1.須於年度終了後**二個月內**報主管機關審核。

2.辦理技能檢定之職類，依其技能範圍及專精程度，分甲、乙、丙三級；不宜分三級者，由中央主管機關定之。

二十八、小莉畢業後錄取 A 公司公關專員並辦理客戶抽獎活動，不慎將客戶個人資料外洩到第三人，造成大量客戶打電話來 A 公司索賠。請回答以下問題：

1.依據個人資料保護法，A 公司應該如何處理？

2.賠償金額多少？

3.客戶須在幾年內要求損害賠償，否則時效消滅？另外，自損害發生時起，超過多久，客戶若未索賠，同樣會時效消滅？

參考解答：

1.非公務機關保有個人資料檔案者，應採行適當之安全措施，防止個人資料被竊取、竄改、毀損、滅失或洩漏。

2.賠償金額：

(1)每人每件：500 元-2 萬

(2)同一原因事實之最高賠償責任以 2 億為限

3.個資法之損害賠償請求權：

(1)自請求權人知有損害及賠償義務人時起，因 2 年間不行使而消滅。

(2)自損害發生時起，逾 5 年者，亦同。

二十九、何謂繭居族或尼特族青年或啃老族青年？請問政府有提供哪些措施辦法可以協助這些青年就業或創業？

參考解答：

1.繭居族 (蟄居族、隱蔽族、閉門族、家裡蹲(足不出戶)、尼特族、啃老族、米蟲)(Not Employment, Education, Training,

NEET)：指畢業後待在家哩，未積極找工作、也不升學或進修的族群。。

2.政府已頒佈青年跨域就業促進補助實施辦法。

三十、小莉擔任會計專員工作 10 年，前 5 年服務於富樂民宿、後 5 年服務於富樂果菜市場。年近 35 歲後，小莉決定轉職到醫療保健業，從事醫院行政人員或陪病人員工作？請問：

1.富樂民宿屬於哪一行業類別？

2.富樂果菜市場屬於哪一行業類別？

3.一般民營公司會計專員屬於哪一職業類別？

4.醫院行政人員屬於哪一職業類別？

5.陪病人員屬於哪一職業類別？

參考解答：

1.在民宿工作：行業屬於住宿及餐飲業

2.在果菜市場工作：行業屬於批發及零售業。

3.會計人員：屬於事務支援人員。

4.醫院行政人員：屬於事務支援人員。

5.陪病人員：服務及銷售工作人員。

三十一、小賀因事故而有輕微障礙，就業前，學校與企業廠商安排以下工作潛能評量，請分別說明各項評量屬於哪一類別的評量方式：

1. 系辦老師安排進行「我喜歡做的事」量表
2. 系辦老師安排進行「工作氣質測驗」
3. 系辦老師安排進行「通用性向測驗」
4. 系辦老師安排進行「育成綜合工作能力評量」
5. 小賀被安排進行傑考氏職前技能評估。
6. 小賀被安排進行明尼蘇達手部操作測驗。

7. 小賀被安排到庇護工場或銀行分行從事櫃台工作，以了解小賀回到職場的可能性。

8. 小賀配合到庇護工場或銀行分行上下班一天，以評估小賀的體力與交通等情況。

9. 小賀被安排到未來可能工作的職場，以了解評估未來需要的職務再設計。

10. 小賀配合在銀行分行最忙碌的時段工作一整天，觀察其忍受工作壓力的情況。

參考解答：

1. 系辦老師安排進行「我喜歡做的事」量表：對受測者實施心理測驗

2. 系辦老師安排進行「工作氣質測驗」：對受測者實施心理測驗

3. 系辦老師安排進行「通用性向測驗」：對受測者實施心理測驗

4. 系辦老師安排進行「育成綜合工作能力評量」：工作樣本

5. 小賀被安排進行傑考氏職前技能評估：工作樣本

6. 小賀被安排進行明尼蘇達手部操作測驗：工作樣本

7. 小賀被安排到庇護工場或銀行分行，從事櫃台工作，以了解小賀回到職場的可能性：情境評量

8. 小賀配合到庇護工場或銀行分行上下班一天，以評估小賀的體力與交通等情況：情境評量

9. 小賀被安排到未來可能工作的職場，以了解評估未來需要的職務再設計：現場試作

10. 小賀配合銀行分行最忙碌的時段工作一整天，觀察其忍受工作壓力的情況：現場試作

補充：

評量服務對象之工作能力，可以採取以下方式：

◉ 對受測者實施**心理測驗**；例如：安排我喜歡做的事或工作氣質測試、性向測驗等心理測驗。

◉ **工作樣本**：模擬真實工作的具體操作，以測試評估其靈巧度、體力與技術相關能力。例如：傑考氏職前技能評估、育成綜合能力評量、明尼蘇達手部操作測驗。

◉ **情境評量**：以真實或模擬的工作場所，評量受測者的相關工作能力。例如：安排到學校的實習餐廳實習烹煮，了解其烹調能力。

◉ **現場試作**：處於實際的工作環境下，由受測者實際現場實作，以評估其能力高低。例如：安排前往醫院工作一天，了解工作能力與忍受力。

三十二、小蔡 30 歲與小雲結婚後，投入從事在家工作行列，協助烹調家事之網路經營者(如 Youtuber, Blog & facebook 版本)分享烹飪與烹飪廣告工作。小雲因大陸旅遊車禍身故，小蔡於是以身故保險金及勞保遺屬年金作為家庭生活收入來源並前往研究所進修。小蔡畢業後錄取冠群公司服務，並迅速升任部門經理職位。另外，小蔡的二個小孩常抱怨爸爸不重視他們、只忙自己的事。請回答以下問題：

1.小蔡分別擔任經理、網路經營者或照顧小孩三項主要工作，請問依據 Holland 的興趣類型理論，可評估小蔡可能包含哪類型？

2.根據 Super 生涯發展理論，哪個概念最能反映小蔡對於三項工作的看重程度與投入時間？

3.依據 Krumboltz 的機緣學習理論，小蔡遭遇配偶意外去世，能夠秉持開放心胸面對處理，展現出哪一種偶發力？

參考解答：

1.

經理：B(企業型)

烹飪網路經營者：R (實用型)

照顧小孩：S(社會型)

2.

根據小蔡對於三項工作的看重程度與投入時間，投入升學、迅速晉升主管以及二個小孩常抱怨爸爸不重視等觀察，可列舉比較小蔡對於三項工作的看重程度與投入時間如下：

部門經理>烹飪網路經營者>照顧小孩

3.Krumboltz 指出，處理遭遇偶發事件 (chance / events)，或是學會處理生命中的意外事件，是極為重要的能力。小蔡展現了下述偶發能力：

(1)堅持承擔：遭遇挫折逆境，仍堅持承擔向前邁進。

(2)彈性且勇於接受冒險。

(3)正面積極與樂觀態度。

三十三、依身心障權益保障法規定，回答下列問題：

1. 庇護性就業服務的對象
2. 申請設立庇護工廠的主管機關
3. 依產能核薪的訂定程序

參考解答：

1. 庇護性就業服務的對象：需長期就業支持的身心障礙者。
2. 申請設立庇護工廠的主管機關：直轄市、縣（市）勞工主管機關。
3. 依產能核薪的訂定程序：庇護性就業之身心障礙者，得依其產能核薪；其薪資，由進用單位與庇護性就業者議定，並報直轄市、縣（市）勞工主管機關核備。

三十四、A公司僱用員工人數計31人，請依性別工作平等法及大量解僱勞工保護法規定，回答下列問題：
1. 應訂定性騷擾防治措施、申訴及懲戒辦法之揭示
2. 雇主違反規定之罰鍰
3. 大量解僱勞工人數規定
4. 性別工作平等法及大量解僱勞工保護法之主管機關

參考解答：

1. 應訂定性騷擾防治措施、申訴及懲戒辦法，並在工作場所公開揭示。
2. 雇主違反規定：處新臺幣十萬元以上五十萬元以下罰鍰。
3. 大量解僱勞工指六十日內解僱勞工逾所僱用勞工人數三分之一或單日逾二十人。
4. 性別工作平等法及大量解僱勞工保護法之主管機關：
   - 中央：勞動部。
   - 直轄市為直轄市政府；縣（市）：縣（市）政府。

三十五、甲公司為紡織業，因其工廠缺工而申請外籍勞工，請依就業服務法相關規定回答下列問題：

（一）依就業服務法第47條規定，甲公司應先以合理勞動條件在國內辦理招募，並應於招募時，將招募全部內容通知其事業單位之哪一單位？或人員？

（二）依雇主聘僱外國人許可及管理辦法第15條規定，甲公司辦理國內招募時，對於公立就業服務機構所推介之人員或自行應徵之求職者，不得有哪3項情事之1，該3項情事為何？

（三）依雇主聘僱外國人許可及管理辦法第18條規定，甲公司除有正當理由外，不得於辦理國內招募前幾個月內撤回求才登記？

參考解答：

(一)招募全部內容通知其事業單位之工會或勞工。

(二)
1. 不實陳述工作困難性或危險性等情事。
2. 求才登記之職類別屬非技術性工或體力工，以技術不合為理由拒絕僱用求職者。
3. 其他無正當理由拒絕僱用本國勞工者。

(三) 不得於辦理國內招募前六個月內撤回求才登記。

三十六、甲君為某公司人力資源單位的職員，該公司研發單位需要招募研發人員，甲君檢視該單位所提供的需求條件、薪資及福利等，發現薪資項目只填了面議，甲君認為有違反就業服務法第5條第2項第6款規定之虞，爰請其提供明確薪資或範圍，請依就業服務法規定回答下列問題：

（一）甲君認為該公司研發單位未提供明確薪資或範圍，有違法之虞，依就業服務法第5條第2項第6款規定，雇主招募或僱用員工，不得為哪一情事？其立法目的為何？

（二）承上，違反者處新臺幣多少罰鍰？

參考解答：

1.提供職缺之經常性薪資未達新臺幣四萬元而未公開揭示或告知其薪資範圍。

*但本題若薪資高於四萬元，則得不公開揭示。

2.處新臺幣六萬元以上三十萬元以下罰鍰。

三十七、甲君大學畢業後，受僱於乙派遣事業單位，每月工資新臺幣3萬5千元整，並被派遣至丙要派單位從事文書處理工作，請回答下列問題：

（一）依勞動基準法規定，派遣事業單位積欠派遣勞工工資，經主管機關處罰或依第27條規定限期令其給付而屆期未給付者，派遣勞工得請求要派單位給付。要派單位應自派遣勞工請求之日起至遲多少日內給付之？承上，要派單位依上述規定給付者，得向派遣事業單位求償或扣抵哪一契約之應付費用？

（二）依性別工作平等法規定，主管機關應就該法所訂之哪三項納入勞動檢查項目？

參考解答：

（一）

1.　派遣事業單位積欠派遣勞工工資，經主管機關處罰或依規定限期令其給付而屆期未給付者，派遣勞工得請求要派單位給付。

2.　要派單位應自派遣勞工請求之日起三十日內給付。

3.　要派單位依前項規定給付者，得向派遣事業單位求償或扣抵要派契約之應付費用。

（二）

主管機關應就性別工作平等法所訂之性別、性傾向歧視之禁止、性騷擾之防治及促進工作平等措施納入勞動檢查項目。

三十八、甲為身心障礙者，經公立就業服務機構推介至乙事業單位從事電話服務工作，請回答下列問題：

（一）依身心障礙者權益保障法第 40 條第 1 項規定，進用身心障礙者之機關（構），對於所進用之身心障礙者，應本哪一原則，不得為任何歧視待遇？承上，其所核發之正常工作時間薪資，不得低於哪一工資？

（二）依大量解僱勞工保護法規定，僱用勞工人數 30 人以上 200 人以下之事業單位，積欠勞工工資達 2 個月；僱用勞工人數逾 200 人者，積欠勞工工資達 1 個月者，哪一相關單位或人員即可向主管機關通報？

（三）依勞資爭議處理法規定，勞資爭議經調解成立者，視為爭議雙方當事人間之契約；當事人一方為工會時，視為當事人間之哪一協約？

參考解答：

1.進用身心障礙者之機關（構），對其所進用之身心障礙者，應本同工同酬之原則，不得為任何歧視待遇，其所核發之正常工作時間薪資，不得低於基本工資。

2.工會或該事業單位之勞工。

3.視為當事人間之團體協約。

三十九、甲君經公立就業服務機構推介就業，受僱於 5 人以上員工之乙公司擔任全職工程師。依據相關勞動法令規定，乙公司應該為甲君投保勞工保險之普通事故保險、就業保險及按月提繳勞工退休金，請回答下列問題：

（一）依勞工保險條例所定之普通事故保險及就業保險法所定就業保險之保險費率，現行分別為百分之多少？

（二）承上，上述 2 種保險之保費，甲君與乙公司分別要負擔百分之多少？

（三）依勞工退休金條例規定，乙公司應按月為甲君提繳勞工退休金，該退休金提繳分級表共分為 11 組 62 級，其中第 11 組第 62 級(最高一級)的提繳金額為新臺幣多少元？

參考解答：

1. 112 年度勞工保險普通事故保險費調高為 11%；就業保險費率 1%，合計 12%。
2. 勞保及就保：公司保費負擔；7 成；甲君：2 成。
3. 勞退條例最高一級之提撥金額：15 萬。

四十、蒐集、分析及運用就業市場資訊，對於職業的選擇與瞭解是相當重要的事。請依下列五個與職業相關的名詞「(甲)線上(即時)媒合/職業交換、(乙)職業適應、(丙)職業介紹、(丁)職業輔導、(戊)職業分析」，請寫出下列每一題與上述相關名詞最適切的對應代號。

（一）以就業服務機構為工作與人才予以媒合，促使雇主及求職人，彼此獲得最適合的人才及職業。

（二）透過對一個職業所涵蓋的職務或工作內容所做的分析，以正確完整地蒐集及分析職業資料，並以簡明、扼要方式表達，以供就業服務、職業諮詢、人事管理和職業訓練等參考。

（三）將各地區的就業機會，在人力網站提供即時求才訊息，提供求職者於線上即時找到就業機會，促進人才供需媒合。

（四）主要內容包括：職業選擇、職業準備、職業安置、追蹤輔導。

（五）促使個人與所處環境間處於和諧狀態，使個人生涯的發展過程順利，不但有利於個人及工作，便有利於未來事業的發展。

參考解答：

（一）以就業服務機構為工作與人才予以媒合，促使雇主及求職人，彼此獲得最適合的人才及職業：**(丙)職業介紹**

（二）透過對一個職業所涵蓋的職務或工作內容所做的分析，以正確完整地蒐集及分析職業資料，並以簡明、扼要方式表達，以供就業服務、職業諮詢、人事管理和職業訓練等參考：**(戊)職業分析**

（三）將各地區的就業機會，在人力網站提供即時求才訊息，提供求職者於線上即時找到就業機會，促進人才供需媒合：**(甲)線上(即時)媒合/職業交換**

（四）主要內容包括：職業選擇、職業準備、職業安置、追蹤輔導：**(丁)職業輔導**

（五）促使個人與所處環境間處於和諧狀態，使個人生涯的發展過程順利，不但有利於個人及工作，便有利於未來事業的發展：**(乙)職業適應**

四十一、V. M.Tarvydas 將專業倫理的標準，分為三大類：專業的內部標準、專業實務工作者的臨床標準、外部規範標準。請依下列專業倫理的特色，依序寫出其歸屬上述 3 大類之哪一類專業倫理的標準？

（一）以規範或機構為標準、以法律及風險管理的觀點為考量、以經費及機構或信託觀點為考量。
（二）較為聚焦在專業的考量、較為特定的各種專業標準、涉及專業認同與義務。
（三）較為聚焦在職場場域、適用於單一領域或多重領域的標準、依個案或情境不同而異、可用於評量個別專業人員的表現、可用於測量成果。

參考解答：
（一）以規範或機構為標準、以法律及風險管理的觀點為考量、以經費及機構或信託觀點為考量：**外部規範標準**
（二）較為聚焦在專業的考量、較為特定的各種專業標準、涉及專業認同與義務：**專業的內部標準**
（三）較為聚焦在職場場域、適用於單一領域或多重領域的標準、依個案或情境不同而異、可用於評量個別專業人員的表現、可用於測量成果：**專業實務工作者的臨床標準**

四十二、請依私立就業服務機構許可及管理辦法規定，回答下列問題：
（一）私立就業服務機構評鑑成績分為哪幾個等級？
（二）私立就業服務機構若經主管機關評鑑為哪一等級時？承上，在哪2項情況下主管機關應不予許可？

解答：

（一）私立就業服務機構評鑑成績分為哪幾個等級？
● 主管機關得自行或委託相關機關（構）、團體辦理私立就業服務機構評鑑，評鑑成績分為 A、B 及 C 三級。

（二）評鑑為 C 級，經限期令其改善，屆期不改善或改善後仍未達 B 級者，主管機關應不予許可。

四十三、甲君是公司主管，致力營造良好的組織溝通並關切員工情緒健康，其將「周哈里窗」及「愛語」概念轉化為關懷員工的行動。周哈里窗源自 Joseph 與 Harry，把人際溝通分為(A)開放自我、(B)盲目自我、(C)隱藏自我、(D)未知自我等四個區域，這四個區域相互影響，任何一個區域變大，其他區域就會縮小，反之亦然。愛語源自 Chapman 所倡導，包括：(E)肯定語詞、(F)精心時刻、(G)接受禮物、(H)服務行動、(I)身體接觸等五種方法。請針對下列所述情境，寫出上述區域或方法之最適切對應代碼

（一）主動關懷員工，除了分享主管自身的心情，也會引導員工談自己的背景及興趣，增進主管與員工的正向情誼。此一作法，最能擴展員工在周哈里窗的哪一個區域？

（二）提供心靈成長課程，協助員工知道與自己本身有關，但平常不會察覺或注意的事，例如個人未意識到的習慣或口頭禪。此一作法，最能縮小員工在周哈里窗的哪一個區域？

（三）規劃公司旅遊，安排員工聚在一起，相互陪伴、聆聽及分享心情。此種做法，最符合哪一種愛語的方法？

（四）鼓勵員工參與志工活動，每位員工一年有 4 天公假，以行動關懷社會弱勢。此種作法，最符合哪一種愛語的方法？

（五）尋找員工的優點並告訴員工主管欣賞其哪些優點。此種作法，最符合哪一種愛語的方法？

參考解答：

（一）主動關懷員工，除了分享主管自身的心情，也會引導員工談自己的背景及興趣，增進主管與員工的正向情誼。此一作法，最能擴展員工在周哈里窗的哪一個區域：

● 　開放自我

（二）提供心靈成長課程，協助員工知道與自己本身有關，但平常不會察覺或注意的事，例如個人未意識到的習慣或口頭禪。此一作法，最能縮小員工在周哈里窗的哪一個區域：

● 盲目自我

（三）規劃公司旅遊，安排員工聚在一起，相互陪伴、聆聽及分享心情。此種做法，最符合哪一種愛語的方法：

● (F)精心時刻

（四）鼓勵員工參與志工活動，每位員工一年有4天公假，以行動關懷社會弱勢。此種作法，最符合哪一種愛語的方法：

● (H)服務行動

（五）尋找員工的優點並告訴員工主管欣賞其哪些優點。此種作法，最符合哪一種愛語的方法：

● (E)肯定語詞

四十四、甲君是某就業服務機構的就業諮詢人員，提供求職者測驗服務。因此，在實際辦理過程中，必須注意多項測驗要素，包括下列：(A)測驗時效(B)知後同意權(C)測驗保密原則(D)測驗施測環境(E)測驗智慧財產權(F)測驗結果解釋(G)測驗分級(H)專業知能。請針對下列所述情境，寫出上述測驗要素之最適切對應代碼。

（一）甲君具備此項測驗使用資格而為求職者施測。

（二）甲君評估求職者的需求，選擇具有測驗編製者同意授權的測驗進行施測。

（三）進行施測前，甲君告知求職者此一測驗的性質、目的及結果如何運用。

（四）施測結束後，甲君針對本次測驗結果，使用求職者理解的用語，清楚說明測驗數據與結果代表的涵義，提供符合求職者志趣及能力的職業選擇。

（五）求職者對甲君的服務感到滿意，主動表示願意提供其測驗結果作為教學範例。甲君將測驗結果資料中的求職者真實姓名完全移除，才用於培訓教學。

參考解答：

（一）甲君具備此項測驗使用資格而為求職者施測：**(H)專業知能**

（二）甲君評估求職者的需求，選擇具有測驗編製者同意授權的測驗進行施測：**(E)測驗智慧財產權**

（三）進行施測前，甲君告知求職者此一測驗的性質、目的及結果如何運用：**(D)測驗施測環境**

（四）施測結束後，甲君針對本次測驗結果，使用求職者理解的用語，清楚說明測驗數據與結果代表的涵義，提供符合求職者志趣及能力的職業選擇：**(F)測驗結果解釋**

（五）求職者對甲君的服務感到滿意，主動表示願意提供其測驗結果作為教學範例。甲君將測驗結果資料中的求職者真實姓名完全移除，才用於培訓教學：**(B)知後同意權**

四十五、甲君未經許可，聘僱來臺遊學的外國人 A 君到其經營的菜攤從事賣菜工作；另乙君經勞動部許可聘僱外國人 B 君來臺從事家庭看護工作，卻指派外國人 B 君至其經營的自助餐店從事餐食料理工作，請依就業服務法規定回答下列問題：

（一）甲君的行為已違反就業服務法第 57 條第 1 款規定，應處多少新臺幣罰鍰？如甲君於 5 年內再有違反就業服務法第 57 條第 1 款的行為，應處幾年以下有期徒刑？

解答：

● 違規法條：聘僱未經許可、許可失效或他人所申請聘僱之外國人以及任何人不得非法容留外國人從事工作。
● 罰鍰：15-75 萬。
● 5 年再違反：處三年以下有期徒刑、拘役或科或併科新臺幣一百二十萬元以下罰金。

（二）乙君的行為已違反就業服務法第 57 條第 3 款規定，應處多少新臺幣罰鍰？

解答：

● 指派所聘僱之外國人從事許可以外之工作。
● 罰鍰：3-15 萬。

四十六、外國人甲君受聘僱從事家庭看護工作，並依「外國人受聘僱從事就業服務法第四十六條第一項第八款至第十一款規定工作之轉換雇主或工作程序準則」規定，經勞動部廢止原雇主乙君與甲君的聘僱許可，及同意甲君轉換雇主，請回答下列問題：

（一）依上述準則第 4 條規定，應由誰向公立就業服務機構辦理甲君轉換登記？公立就業服務機構應自轉換登記的次日起，辦理為期多長的外國人轉換雇主作業？

參考解答：
1. 原雇主辦理
2. 60 日

（二）依上述準則第 10 條及第 11 條規定，甲君應參加公立就業服務機構辦理的公開協調會議，請問公立就業服務機構應每幾週辦理公開協調會議？甲君若是無正當理由未依規定出席協調會議，應依公立就業服務機構通知，在協調會議次日起多少日內出國？

參考解答：

1. 每週
2. 協調會議應通知原雇主、接續聘僱申請人及外國人等相關人員參加
3. 外國人無正當理由不到場者，視同放棄轉換雇主或工作
4. 公立就業服務機構應通知原雇主於公立就業服務機構協調會議翌日起十四日內，負責為該外國人辦理出國手續並使其出國

四十七、依勞動部 111 年 3 月 5 日公告認定 15 歲以上未滿 18 歲的未就學未就業少年為就業服務法第 24 條第 1 項第 10 款所定人員，甲君屬上述人員，於 112 年 1 月起連續失業 2 個月，到公立就業服務機構辦理求職登記，經就業服務人員就業諮詢後推介工作未被錄用，請回答下列問題：

參考解答：

（一）甲君經就業服務人員評估後，運用僱用獎助推介受僱於 A 公司，並依法參加就業保險，經 A 公司連續僱用滿 30 天後，A 公司每個月可申請的僱用獎助金額為新臺幣多少元？

➤ 發放標準：每人每月發給新台幣 11,000 元(時薪制改依每小時 60 元發給)，最長 12 個月。

（二）A 公司因公司決策決定搬遷，甲君考量後無法配合到新址繼續工作，由公司依法辦理資遣，依就業服務法第 33 條第 1 項規定，A 公司應於甲君離職幾日前辦理甲君資遣通

報？向何機關通報？違反上述通報規定應處多少新臺幣罰鍰？

● 雇主資遣員工時，應於員工離職之**十日前**，將被資遣員工之姓名、性別、年齡、住址、電話、擔任工作、資遣事由及需否就業輔導等事項，列冊通報當地主管機關及公立就業服務機構。但其資遣係因天災、事變或其他

● 可抗力之情事所致者，應自被資遣員工離職之日起**三日內為之。**

（三）承上，甲君再到公立就業服務機構求職，因居住處所附近一直沒有適合的工作，就業服務人員建議甲君擴大尋職範圍，並推介甲君到 B 公司，如甲君符合相關規定申請新臺幣 3 千元的異地就業交通補助金，請問 B 公司上班地點距離甲君原日常居住處所至少應達多少公里以上？

● 青年跨域就業促進補助實施辦法
● 70 公里以上

四十八、甲君今年滿 49 歲，需撫育 2 個尚在國中就學的小孩，受僱 A 公司擔任專案管理員工作滿 15 年，並依法參加法定相關保險，今（112）年因故非自願離職，請回答下列問題：

參考解答：
（一）依勞動基準法及其相關法令有關「勞動契約」規定，甲君與 A 公司訂定的勞動契約是屬於定期契約或不定期契約？
● 不定期契約。

（二）依就業保險法及其相關法令規定，甲君完成相關程序後，最長可以申領幾個月的「失業給付」？如甲君依規定接受公立就業服務機構推介參加全日制職業訓練時，每月最長可申領的「職業訓練生活津貼」是甲君離職退保當月起前6個月平均月投保薪資的多少％？

- 9個月。
- 80%

（三）承上，依勞工保險條例及其相關法令規定，甲君依規定參加職業訓練期間，薪資報酬未達基本工資，其參加勞工保險的月投保薪資第一級是新臺幣多少元？又，依勞工退休金條例及其相關法令規定，該職業訓練機構是否要為甲君負擔提繳6%的退休金？

- 13,500元
- 不要

四十九、下列哪5項敘述違反了職業重建服務時對服務對象的倫理守則？
參考解答：
（一）經評估發現服務對象有自殺危險，故依相關流程處理。
- 未違反，但不應完全因保守秘密而忽略個案之安全，否則就違反。

（二）服務對象若因身心障礙特質而無法自我決定時，就業服務人員可代為做決定。

- 違反；應由個案參與決定過程

（三）協助服務對象規劃職涯目標時，只考量服務對象的職業性向，以協助其進入職場。

● 違反；應同時考量目標、就業市場狀況與需求等各方向。

（四）讓服務對象能獲得所需服務，並盡可能提供多元服務，供服務對象選擇使用。

● 未違反

（五）對限制行為能力或無行為能力的服務對象提供服務時，就業服務人員可直接為他們做決定。

● 違反，對限制行為能力或無行為能力的服務對象提供服務應取得法定代理人之書面同意

（六）就業服務人員因家裡有私事，就跟求才廠商取消身心障礙求職者的面談，等待日後有機會再推介。

● 違反，提供服務時，不得因個人因素犧牲當事人之利益。

（七）提供服務時，應避免與服務對象有雙重關係，以免影響客觀判斷，對服務對象造成傷害。

● 未違反

（八）轉介或連結之合作機構所提供之各項服務時，應完全相信該單位。

● 違反

● 應了解轉介或連結之合作機構所提供之各項服務，以維護當事人權益，並確保服務之有效提供

五十、小美婚後配合丈夫小明期望辭去工作，成為全職家庭主婦。婚後 15 年，小明因車禍造成下半身癱瘓，經鑑定持有身心障礙證明，接著小明所經營的工廠倒閉、負債累累。

問題與參考解答：

（一）為了解決工作技能不足造成二度就業困難的問題，小美經公立就業服務機構職訓諮詢推介參加 3 個月一期、每週 4 天、每天 8 小時的職業訓練。為解決受訓期間家庭沒有收入的問題，她可以申請哪 1 項津貼？
● 職業訓練生活津貼。

（二）小美完成職業訓練後，經公立就業服務機構推介，順利應徵到工作。但工作地點離小美目前住處 30 公里以上，小美一家打算搬到公司附近 2 公里處租屋，她可以申請哪 2 項補助？
1. 搬遷補助金。
2. 租屋補助金。

（三）小明後來應徵到一份行銷的工作，希望購置電動輪椅，以便拜訪客戶，他可以依哪一方案，向公立就業服務機構申請所需之輔具補助？
● 職務再設計。

（四）小明新設立的非營利民間組織，致力為二度就業婦女、身心障礙者、高齡者之類的弱勢求職者創造在地就業機會。他可以依什麼方案申請用人費用等相關補助？

● 小明在自己設立的非營利民間組織僱用這些弱勢求職者：就業保險促進就業實施辦法的僱用獎助。

五十一、行政院主計總處以聯合國最新版國際行業標準分類（簡稱 ISIC）為基準，在行業分類上，請回答下列問題：

問題與參考解答：

（一）以場所單位為分類對象中，依據行政院主計總處行業判定基本原則，請寫出其判定業別之基礎為何？

1.場所單位之主要經濟活動。
2.主要經濟活動之判定以場所單位所生產商品或提供服務之「附加價值」作為判定基礎

（二）請寫出行業分類的 4 個主要層級?
1.大類
2.中類
3.小類
4.細類

（三）行業統計單位（statistical unit）之實體，實務上多以哪 2 類作為統計單位？

1. 場所。
2. 企業。

五十二、甲君是職業災害勞工，乙君是領有身心障礙證明（手冊）者，2 人想找工作或參加職業訓練，一起到公立就服

務機構尋求協助。甲君及乙君2人是否可適用身心障礙者權
益保障法所定的「職業重建服務項目」，請分別敘述之？

參考解答：
1. 甲君不適用，但可適用勞工職業災害保險及保護法之職災
津貼與重建服務。
2. 乙君適用

**五十三、甲君於大學畢業後，經由網路徵才資訊至乙派遣事
業單位應徵，惟應徵當日卻由丙要派單位進行面試及指定
後，乙派遣事業單位始與甲簽訂勞動契約，並指派甲至丙要
派單位從事工作，請依勞動基準法第17條之1及第63條之1
規定，回答下列問題：**

問題與參考解答：

（一）乙派遣事業單位與甲派遣勞工簽訂勞動契約前，丙要
派單位有面試甲派遣勞工或其他指定特定派遣勞工之行為，
且已受領派遣勞工勞務者，該派遣勞工得於要派單位提供勞
務之日起多少日內，以書面向要派單位提出訂定勞動契約之
意思表示？
● 　九十日內。

（二）承上，丙要派單位應自甲派遣勞工意思表示到達之日
起多少日內，與其協商訂定勞動契約？又如逾期未協商或協
商不成立者，視為雙方自期滿之何時起成立勞動契約？
1. 十日內。
2. 自期滿翌日。

（三）如果要派單位使用派遣勞工發生職業災害時，要派單
位應與派遣事業單位連帶負勞動基準法所定雇主應負之哪一

責任？另要派單位及派遣事業單位因違反勞動基準法或有關安全衛生規定，致派遣勞工發生職業災害時，應連帶負哪一責任？

1. 職業災害補償之責任。
2. 損害賠償之責任。

五十四、甲君為水果攤商，除已僱有員工 5 人外，本人並實際從事進出貨事宜，因業務需要遂另僱用乙女從事會計出納工作，雙方約定每月薪資新臺幣 3 萬元整，請回答下列問題：

（一）依勞工保險條例規定，實際從事勞動之雇主得準用該條例規定，參加勞工保險，其普通事故保險費由被保險人甲君負擔百分之多少？投保單位負擔百分之多少？中央政府補助百之多少？

1. 被保險人：20%
2. 投保單位：70%
3. 政府：10%

（二）依勞工退休金條例第 7 條第 2 項及第 14 條第 4 項規定，哪 3 類人員得在其每月執行業務所得百分之 6 範圍內，自願提繳退休金？

1. 實際從事勞動之雇主。
2. 自營作業者。
3. 受委任工作者。

（三）依性別工作平等法規定，工作規則、勞動契約或團體協約，不得規定或事先約定受僱者如有結婚、懷孕及哪 2 項之情事，就應行離職或留職停薪？

1. 分娩。
2. 育兒。

（四）依個人資料保護法規定，公務機關或非公務機關違反該法規定，致個人資料被竊取、洩漏、竄改或其他侵害者，應查明後以適當方式通知哪一對象？
● 當事人。

五十五、某一家私立就業服務機構的從業人員甲君，係技術士技能檢定就業服務職類乙級及格，並取得就業服務專業人員證書；而乙君為該私立就業服務機構新進之從業人員，其對就業服務專業人員之職責及會被廢止就業服務專業人員證書的相關規定不太瞭解，就請教甲君，回答下列問題：

參考解答與問題：
（一）請依私立就業服務機構許可及管理辦法第7條規定，回答就業服務專業人員的職責有哪4項？

一、辦理暨分析職業性向。
二、協助釐定生涯發展計畫之就業諮詢。
三、查對所屬私立就業服務機構辦理就業服務業務之各項申請文件。
四、依規定於雇主相關申請書簽證。

（二）就業服務專業人員違反就業服務法第37條所定之哪2項情事者，勞動部依第71條規定得廢止其就業服務專業人員證書？

一、允許他人假藉本人名義從事就業服務業務。
二、違反法令執行業務。

五十六、雇主所聘僱之外國人，經入出國管理機關依規定遣送出國者，其遣送之旅費及收容期間之必要費用，請依就業服務法第 60 條規定之順序，說明應由哪些人負擔？

承上，有關外國人遣送之旅費及收容期間之必要費用，會先由哪一基金先行墊付？

另並於墊付後，由該基金主管機關通知應負擔者限期繳納，倘屆期不繳納者，依規定應如何處理？

參考解答：

1.遣送之旅費及收容期間之必要費用之負擔順序如下：

- 非法容留、聘僱或媒介外國人從事工作者。
- 遣送事由可歸責之雇主。
- 被遣送之外國人。

2.必要費用先由就業安定基金墊付。

3.屆期不繳付，則移送強制執行。

五十七、身心障礙者職業行為的生態學模式包括 5 個彼此相關的構念因素：

（一）個人因素（個人的生理和心理特徵）、

（二）背景因素（個人現在或過去的情形，對一個人來說，它是外在的）、

（三）中介因素（影響個人和環境間互動的個人、文化和社會的想法）、

（四）環境因素（工作環境中的特性或條件）、

（五）結果因素（因素群的交互作用所產生的狀態）。

請依序將上述 5 個構念因素與下列 5 項的說明配對。

(甲)工作的持久性、滿意度；

(乙)社經地位、家庭、教育；

(丙)需求、工作能力、興趣、價值觀、身心障礙；

(丁)任務要求、組織接納度、職務再設計；

(戊)世界觀、就業歧視。

問題與參考解答：

（一）個人因素（個人的生理和心理特徵）：**（丙）需求、工作能力、興趣、價值觀、身心障礙**
（二）背景因素（個人現在或過去的情形，對一個人來說，它是外在的）：**(乙)社經地位、家庭、教育**
（三）中介因素（影響個人和環境間互動的個人、文化和社會的想法）：**(戊)世界觀、就業歧視**
（四）環境因素（工作環境中的特性或條件）：**(丁)任務要求、組織接納度、職務再設計**
（五）結果因素（因素群的交互作用所產生的狀態）：**(甲)工作的持久性、滿意度**

五十八、甲君原本是籃球國手，20 歲時在一場比賽中脊椎受傷，從此無法站立。過去 10 年，他都靠著社會福利以及家人的金錢接濟過活。兩個月前，甲君開始接受青年職涯發展中心的職涯諮詢。請說明就業諮詢人員在下列情況中所使用的是什麼諮詢技巧。

問題與參考解答：

（一）在第 1 次晤談中，甲君情緒消沉地抱怨著目前生活的種種，就業諮詢人員沒有打斷甲君，也沒有安慰或勸阻甲君，只是上身前傾、注視著甲君，聆聽甲君說的每一句話並頻頻點頭。請問就業諮詢人員使用的是什麼諮詢技巧？

● 專注與傾聽技巧。

（二）在第 2 次晤談中，甲君反覆描述過去在籃球場上的風光與現依賴別人生活窩囊，就業諮詢人員說：「從大家瘋迷的

籃球國手，變成接受協助的待業者，讓你感到沮喪。」請問就業諮詢人員使用的是什麼諮詢技巧？

● 　同理心的諮詢技巧。

（三）在第 3 次晤談中，就業諮詢人員數次邀請甲君談談自己對「有工作的新生活」的期望，甲君都說「像我這樣，還能怎樣」，並接著滔滔不絕訴說著過去的風光與現在的窩囊。就業諮詢人員認為彼此已經建立信任關係，就說：「你申請諮詢時說你想要『嘗試去工作，過新生活』，但到目前為止，你卻一直在談過去的風光和現在的悲慘，一再拒絕相信自己可以有新生活。你是真的想要去過『有工作的新生活』嗎？」請問就業諮詢人員使用是什麼諮詢技巧？

● 　面質。透過當面質疑方式的技巧。

（四）在第 4 次晤談中，甲君描述過去擔任籃球國手時愈挫愈勇的種種經驗，就業諮詢人員說：「在你過去練籃球碰到挫折時，是什麼幫助你繼續努力尋求突破呢？」請問就業諮詢人員使用的是什麼技巧？

● 　澄清。透過詢問問題方式，讓甲君尋求突破。

（五）在第 5 次晤談中，就業諮詢人員邀請甲君：「你提到過去練籃球碰到挫折時都是靠著告訴自己『繼續努力就有機會』來幫助自己撐過去，你可以用同樣的方法來面對目前的『嘗試工作』的困難。」請問就業諮詢人員使用的是什麼諮詢技巧？

● 　建議技巧。透過建議方式，讓甲君面對困難。

五十九、提供身心障礙者職業重建服務時，對於輔導需求的評估與運用可能的資源息息相關，請依輔導需求項目的序號，分別配對最適合使用的 1 類資源。

（一）輔導需求項目：
1. 增進職涯抉擇
2. 增進求職技巧
3. 增進工作技能
4. 增進工作態度
5. 增進職場支持環境

（二）可使用資源類別：
1. 庇護工場職場見習計畫；職業訓練；在職技能訓練。
2. 職業輔導評量；職涯輔導諮商（個別與團體諮商）。
3. 穩定就業服務；輔具資源；職務再設計。
4. 面試技巧、履歷表撰寫之研習；就業準備團體。
5. 職場學習及再適應計畫；成長團體活動；雇主及同儕的回饋。

參考解答：
1. 庇護工場職場見習計畫；職業訓練；在職技能訓練：**3. 增進工作技能，提升就業能力。**
2. 職業輔導評量；職涯輔導諮商（個別與團體諮商）：**1.增進職涯抉擇，評估能力及需求。**
3. 穩定就業服務；輔具資源；職務再設計：**5.增進職場支持環境，排除工作障礙。**
4. 面試技巧、履歷表撰寫之研習；就業準備團體：**2.增進求職技巧；強化求職心理素質。**
5. 職場學習及再適應計畫；成長團體活動；雇主及同儕的回饋：**4.增進工作態度，從容面對職場。**

六十、甲女與乙女經某一私立就業服務機構推介至養護機構擔任照顧服務員工作。甲女今年 21 歲，雇主對她相當關照，然而甲女卻擔心自己不能勝任雇主交付的任務，一直有個內在聲音對自己說：「我是一個差勁的人，不可能把事情做好」甚至有焦慮與失眠現象。乙女今年 50 歲，過去曾有 3 年照護工作經驗，依然保有良好的能力水準而且工作勝任愉快。某次休假乙女與家人發生衝突，因而干擾工作心情。經該私立就業服務機構安排個別諮詢服務，隨後專業諮詢人員協助甲女從不同和較正面的角度解讀她看待自己的方式，讓甲女不再陷入錯誤信念中；至於乙女，則在會談中安排乙女扮演家人的角色，專業諮詢人員扮演當事人乙女的角色，協助乙女體驗不同角色行為進而練習衝突解決技巧，用以修復關係。請依上列所述，回答下列問題：

（一）根據 Super 的生涯發展階段，包括成長、探索、建立、維持以及衰退五個階段以及甲女、乙女兩人的年齡，分別寫出甲女與乙女所處生涯發展為哪一階段？

（二）根據 Bandura 在自我效能概念中所提及的難度知覺，有關甲女和乙女兩人，哪一位的工作難度知覺較低？

（三）請寫出專業諮詢人員分別對甲女、乙女使用哪一種職涯諮詢技巧？

參考解答：

1. 依 Super 的生涯發展階段分析：
- 甲女 21 歲探索階段；甲女處於就業初期階段。
- 乙女 50 歲維持階段；乙女具備較豐富工作經驗且已有成就。
2. 乙女的工作難度知覺較低。
3.
- 對甲女：採解釋與正向的諮詢技巧；引導甲女不再陷入負面干擾。
- 對乙女採角色扮演技巧。

六十一、甲君高職畢業後從事平面設計工作 10 年，之後因為結婚辭職成為家庭主婦，30 歲時成為兩個孩子的媽，家庭生活幸福美滿。40 歲時丈夫車禍過世。為了撫養孩子，甲君決定重新投入職場，兩年以來持續換了 10 個工作、每個工作都沒辦法持續 1 個月以上。於是，甲君至就業服務機構求職及接受就業諮詢。請針對下列 5 種晤談對話中就業服務人員所使用的諮詢技巧，從（A）至（L）選項中依序選出最適合的 1 項(寫出代碼或名詞皆可)：

（A）安慰、（B）支持、（C）允許、（D）專注、（E）同理、（F）分析、（G）解釋、（H）建議、（I）面質、（J）澄清、（K）比較、（L）自我揭露。

問題及參考解答：

（一）在第 1 次晤談中，甲君情緒消沉地抱怨著目前生活的種種，就業服務人員沒有打斷甲君，也沒有安慰或勸阻甲君，只是上身前傾、注視著甲君，聆聽甲君說的每一句話並頻頻點頭：**（D）專注**。

（二）在第 2 次晤談中，甲君反覆描述過去從事平面設計工作的風光與現在求職處處碰壁的窘囊，就業服務人員說：「聽起來，你年輕時做什麼都得心應手、人人誇讚，現在卻處處格格不入、經常被嫌東嫌西，讓你感到沮喪。」：**（E）同理。表示明瞭對方的感受**。

（三）在第 3 次晤談中，就業服務人員數次邀請甲君談談自己對「好好工作撫養孩子」的期望，甲君都說「我想有什麼用，老闆不懂得欣賞，一切白搭」，並接著滔滔不絕訴說著過去的風光與現在的窘囊。於是，就業服務人員說：「你求職時說你想要『好好工作撫養孩子』，但到目前為止，你卻一直在

談過去的風光和現在的悲慘,似乎拒絕討論如何尋找與維持工作。我想邀請你問問自己,你是真的期待透過我們的討論以便『好好工作撫養孩子』嗎?」:**(I) 面質。透過當面質疑技巧。**

(四)在第 4 次晤談中,甲君描述過去從事平面設計時總是不斷挑戰與超越自己既有風格的經驗,就業服務人員說:「在你過去做設計尋求自我挑戰時,你認為是什麼幫助你持續努力尋求突破呢?」:**(J) 澄清。透過詢問問題方式,讓甲君尋求突破。**

(五)在第 5 次晤談中,就業服務人員對甲君說:「你提到過去做設計自我挑戰時都是靠著告訴自己『超越自己才能擁有更美好的明天』來激勵自己,你不妨想想,如何用類似的方法來把『手上的工作做好』」:**(H) 建議。建議甲君。**

六十二、情緒勞動(emotional labor)在職場的人際往來中是一項能否將工作做好的重要因素。以下敘述 5 項不同的情緒類別和情緒掌握的情況:
(一)員工為符合情緒表現的規定而隱藏內心感受,放棄真實情緒表達而仍對顧客微笑。
(二)員工基於符合情緒表現的規定而嘗試修正自己內心的感受而對顧客有更多的同理心。
(三)員工感受到一種情緒卻必須展現另一種情緒,因而產生情緒的不一致現象。
(四)員工在組織中被要求展現且被視為與工作相符的情緒。
(五)員工個人的真實情緒。

參考解答:

（一）員工為符合情緒表現的規定而隱藏內心感受，放棄真實情緒表達而仍對顧客微笑：**E.表層偽裝**

（二）員工基於符合情緒表現的規定而嘗試修正自己內心的感受而對顧客有更多的同理心：**D.深層偽裝**

（三）員工感受到一種情緒卻必須展現另一種情緒，因而產生情緒的不一致現象：**C.情緒失調**

（四）員工在組織中被要求展現且被視為與工作相符的情緒：**B.顯示情緒**

（五）員工個人的真實情緒：**A.感知情緒**

六十三、請按照下表揭示的測驗資料，回答下列問題：

項目	甲	乙	丙	導遊	鑄造工	餐飲服務員
督導性	88	46	32	V		
說服性	90	70	34	V		V
親和性	88	80	25	V		V
表達性	91	88	38	V		V
優柔猶豫	8	40	32			
審慎精確	80	80	99		V	V
偏好單純	15	40	98		V	
堅忍犯難	93	80	94	V	V	
獨處自為	69	52	91		V	
世故順從	59	89	80		V	V
虛飾傾向*	15	8	14			

*低於 9 分，代表有虛假作答情況。

（一）根據受測者測驗得分的百分等級與職種的氣質組合相似性做判斷，針對甲君、乙君及丙君3人，與「觀光導遊」、「鑄造工」及「餐飲服務員」3種不同職種，寫出每人相符程度最高的1項職種配對。

參考解答：
最相符的職種配對如下：
● 甲君：「觀光導遊」；甲君的督導性及說服性等分數皆最高。
● 乙君：「餐飲服務員」；乙君在說服性、親和性及表達性皆高於丙君高，更勝任「餐飲服務員」。
● 丙君：「鑄造工」；丙君的審慎精確、偏好單純、堅忍犯難、獨處自為等項目較佳。

（二）檢視甲君、乙君及丙君3人在「優柔猶豫」的百分等級，哪1位在下決定方面的能力最強？

解答：甲君，因為甲君在「優柔猶豫」項目分數只有8分，最低。

（三）哪一位可能有虛假作答情況？

解答：乙君，因為乙君在「虛飾傾向」項目分數只有8分，最低，而且低於標準值。

（四）哪一位的精確性最佳？

解答：丙君，因為丙君在「審慎精確」項目分數最高。

六十四、請說明下列情況有無違反就業服務法規定：

1. A 君免費提供網站會員免費就業媒合服務。
2. 甲君在徵才廣告的職缺要求寫：限 OO 大學畢業
3. 乙公司的徵才廣告職缺的薪資寫"面議"，錄取後剛畢業
   青年月薪為 3.1 萬；有經驗的青年，月薪為 4.1 萬
4. 丙公司徵才廣告職缺屬於網路技術人員，但錄取後要求
   該員工從事網路行銷工作
5. 丁公司將僅工作 3 天的 B 君資遣後，隔天才發出資遣通
   報

參考解答：

1. A 君免費提供網站會員免費就業媒合服務。
- 未經許可，不得從事就業服務業務
- 處新台幣 30 萬元以上 150 萬元以下罰鍰

2. 甲君在徵才廣告的職缺要求寫：限 OO 大學畢業。

- 予以就業歧視，違反就業公平
- 處新台幣 30 萬元以上 150 萬元以下罰鍰

3. 乙公司的徵才廣告職缺的薪資寫"面議"，錄取後剛畢業
   青年月薪為 3.1 萬；有經驗的青年，月薪為 4.1 萬
- 違反廣告職缺揭露規定
- 處新台幣 6 萬元以上 30 萬元以下罰鍰

4. 丙公司徵才廣告職缺屬於網路技術人員，但錄取後要求
   該員工從事網路行銷工作
- 為不實或違反規定之廣告或揭示
- 處新台幣 30 萬元以上 150 萬元以下罰鍰

5. 丁公司將僅工作 3 天的 B 君資遣後,隔天才發出資遣通報
● 處新台幣 3 萬元以上 15 萬元以下罰鍰

參考條文:
● 雇主仍應依就業服務法第 33 條第 1 項規定,於勞工離職 10 日前向「直轄市、縣(市)主管機關」及「公立就業服務機構」進行資遣通報。
● 依就業服務法第 33 條第 1 項但書規定:「...其資遣係因天災、事變或其他不可抗力之情事所致者,應自被資遣員工離職之日起 3 日內為之。」故員工工作未滿 10 日者,至遲應自員工離職之日起 3 日內辦理資遣通報。
● 依就業服務法(以下簡稱就服法)第 33 條規定,雇主資遣勞工時,應於勞工離職之 10 日前,將被資遣勞工之姓名、性別、年齡、住址、電話、擔任工作、資遣事由及需否就業輔導等事項,列冊通報當地主管機關及公立就業服務機構;但其資遣係因天災、事變或其他不可抗力之情事所致者,應自被資遣勞工離職之日起 3 日內為之。其中「資遣」係指雇主依勞動基準法第 11 條、第 13 條但書及第 20 條所規定之情形終止勞動契約者。如雇主未依規定通報者,依就服法第 68 條及第 75 條規定,由直轄市及縣(市)主管機關處新臺幣 3 萬元以上,15 萬元以下罰鍰。
● 辦理資遣通報方式,可採「線上通報」或「書面通報」擇一辦理

六十五、聘用身心障礙人數未達規定要求，請回答以下問題：

1. 需要向地方政府的哪一個基金繳納差額補助費？
2. 差額補助費金額如何計算？
3. 地方政府核發超額聘僱身心障礙人員的獎勵金，請問獎勵金之最高金額如何計算？

參考解答：

1. 身心障礙者就業基金
2. 依差額人數乘以每月基本工資計算
3. 最高按超額進用人數乘以每月基本工資二分之一計算

參考條文：身心障礙者權益保障法第 33 條
各級勞工主管機關應參考身心障礙者之就業意願，由職業重建個案管理員評估其能力與需求，訂定適切之個別化職業重建服務計畫，並結合相關資源，提供職業重建服務，必要時得委託民間團體辦理。
前項所定職業重建服務，包括職業重建個案管理服務、職業輔導評量、職業訓練、就業服務、職務再設計、創業輔導及其他職業重建服務。
前項所定各項職業重建服務，得由身心障礙者本人或其監護人向各級勞工主管機關提出申請。

第 35 條
直轄市、縣（市）勞工主管機關為提供第三十三條第二項之職業訓練、就業服務及前條之庇護性就業服務，應推動設立下列機構：
一、職業訓練機構。
二、就業服務機構。
三、庇護工場。

● 各級政府機關、公立學校及公營事業機構員工總人數在三十四人以上者,進用具有就業能力之身心障礙者人數,不得低於員工總人數百分之三。

● 私立學校、團體及民營事業機構員工總人數在六十七人以上者,進用具有就業能力之身心障礙者人數,不得低於員工總人數百分之一,且不得少於一人。

第 43 條

為促進身心障礙者就業,直轄市、縣(市)勞工主管機關應設身心障礙者就業基金;其收支、保管及運用辦法,由直轄市、縣(市)勞工主管機關定之。

進用身心障礙者人數未達第三十八條第一項、第二項標準之機關(構),應定期向所在地直轄市、縣(市)勞工主管機關之身心障礙者就業基金繳納差額補助費;其金額,依差額人數乘以每月基本工資計算。

直轄市、縣(市)勞工主管機關之身心障礙者就業基金,每年應就收取前一年度差額補助費百分之三十撥交中央勞工主管機關之就業安定基金統籌分配;其提撥及分配方式,由中央勞工主管機關定之。

第 44 條

前條身心障礙者就業基金之用途如下:

一、補助進用身心障礙者達一定標準以上之機關(構),因進用身心障礙者必須購置、改裝、修繕器材、設備及其他為協助進用必要之費用。

二、核發超額進用身心障礙者之私立機構獎勵金。

三、其他為辦理促進身心障礙者就業權益相關事項。

前項第二款核發之獎勵金,其金額最高按超額進用人數乘以每月基本工資二分之一計算。

六十六、A 公司經營餐廳多少並聘僱三十位員工，近期業績大幅下滑，請回答以下問題：

1. 主管機關裁處 A 公司罰鍰時，得參酌那些事項作為標準？
2. 依據勞工保險條例規定，被保險人有未償還貸款本息時，在誰領取保險給付時得從金額扣減？
3. 依據性別平等工作法規定，A 公司員工有三歲以下小孩，得依規定申請哪二項？
4. 勞工選擇勞基法舊制，幾年內仍可改為選擇勞退新制？
5. 依據大量解僱勞工保護法，A 公司積欠員工工資達幾個月，需要由相關人員向主管機關通報。

參考解答：

1. 主管機關裁處罰鍰，得審酌與違反行為有關之勞工人數、累計違法次數或未依法給付之金額，為量罰輕重之標準。
2. 於被保險人或其受益人請領保險給付時逕予扣減之。
3. 得請求以下兩項：
   - 每天減少工作時間一小時；減少之工作時間，不得請求報酬。
   - 調整工作時間
4. 5 年內
5. 積欠勞工工資達二個月

參考條文摘錄：

勞基法第 80-1 條

違反本法經主管機關處以罰鍰者，主管機關應公布其事業單位或事業主之名稱、負責人姓名、處分期日、違反條文及罰鍰金額，並限期令其改善；屆期未改善者，應按次處罰。

主管機關裁處罰鍰，得審酌與違反行為有關之勞工人數、累計違法次數或未依法給付之金額，為量罰輕重之標準

勞保條例

第 70 條

以詐欺或其他不正當行為領取保險給付或為虛偽之證明、報告、陳述及申報診療費用者，除按其領取之保險給付或診療費用處以二倍罰鍰外，並應依民法請求損害賠償；其涉及刑責者，移送司法機關辦理。**特約醫療院、所因此領取之診療費用，得在其已報應領費用內扣除。**

勞保條例：被保險人有未償還貸款本息者，於被保險人或其受益人請領保險給付時逕予扣減之。

性別工作平等法第 19 條

受僱於僱用三十人以上雇主之受僱者，為撫育未滿三歲子女，得向雇主請求為下列二款事項之一：

一、每天減少工作時間一小時；減少之工作時間，不得請求報酬。

二、調整工作時間。

性別工作平等法第 16 條

受僱者任職滿六個月後，於每一子女滿三歲前，得申請育嬰留職停薪，期間至該子女滿三歲止，但不得逾二年。同時撫育子女二人以上者，其育嬰留職停薪期間應合併計算，最長以最幼子女受撫育二年為限。

勞工退休金條例條文摘錄：

勞工選擇繼續自本條例施行之日起適用勞動基準法之退休金規定者，於五年內仍得選擇適用本條例之退休金制度。
雇主應為適用本條例之退休金制度之勞工，依規定向勞保局辦理提繳手續.....

第 10 條
勞工適用本條例之退休金制度後，不得再變更選擇適用勞動基準法之退休金規定。

大量解僱勞工保護法摘錄

事業單位大量解僱勞工時，應於符合第二條規定情形之日起六十日前，將解僱計畫書通知主管機關及相關單位或人員，並公告揭示。但因天災、事變或突發事件，不受六十日之限制。
事業單位依前條規定提出解僱計畫書之日起十日內，勞雇雙方應即本於勞資自治精神進行協商。

僱用勞工三十人以上之事業單位，有下列情形之一者，由相關單位或人員向主管機關通報：
一、僱用勞工人數在二百人以下者，積欠勞工工資達二個月；僱用勞工人數逾二百人者，積欠勞工工資達一個月。
二、積欠勞工保險保險費、工資墊償基金、全民健康保險保險費或未依法提繳勞工退休金達二個月，且金額分別在新臺幣二十萬元以上。
三、全部或主要之營業部分停工。
四、決議併購。
五、最近二年曾發生重大勞資爭議。

六十七、雇主聘僱外國人從事就業服務法第 46 條第 1 項第 8 款至第 10 款規定之工作，應向中央主管機關勞動部設置之就業安定基金專戶繳納就業安定費，請依「就業服務法」第 55 條規定，回答下列問題：

（一）雇主聘僱外國人從事就業服務法第 46 條第 1 項第 9 款規定之家庭看護工作，雇主或被看護者符合哪 3 種法令及對象之情形，免繳納就業安定費？

參考解答：

1. 社會救助法規定之低收入戶或中低收入戶。
2. 依身心障礙者權益保障法領取生活補助費。
3. 依老人福利法領取中低收入生活津貼。

（二）受聘僱之外國人有哪 2 種情事，經雇主依規定通知而廢止聘僱許可者，雇主無須再繳納就業安定費？

參考解答：

1. 外國人有連續曠職三日失去聯繫
2. 聘僱關係終止之情事

參考規範摘錄：

雇主或被看護者符合社會救助法規定之低收入戶或中低收入戶、依身心障礙者權益保障法領取生活補助費，或依老人福利法領取中低收入生活津貼者，其聘僱外國人從事第四十六條第一項第九款規定之家庭看護工作，免繳納第一項之就業安定費。

第一項受聘僱之外國人有連續曠職三日失去聯繫或聘僱關係終止之情事，經雇主依規定通知而廢止聘僱許可者，雇主無須再繳納就業安定費。

（三）雇主未依規定期限繳納就業安定費者，得寬限幾日？寬限期滿仍未繳納者，自寬限期滿之翌日起至完納前 1 日

止，每逾 1 日加徵其未繳就業安定費 0.3% 滯納金。但加徵滯納金最多以雇主未繳之就業安定費多少百分比為限？

參考解答：
1. 雇主未依規定期限繳納就業安定費者，得寬限三十日
2. 於寬限期滿仍未繳納者，自寬限期滿之翌日起至完納前一日止，每逾一日加徵其未繳就業安定費百分之零點三滯納金。
3. 以其未繳之就業安定費百分之三十為限。

六十八、依就業服務法第 40 條第 1 項第 19 款、第 67 條、第 69 條等規定，私立就業服務機構及其從業人員知悉受聘僱外國人疑似遭受雇主有重傷害等 5 種行為後，應在一定時間內向主管機關、入出國管理機關、警察機關或其他司法機關通報。根據上述回答下列問題：

（一）除了重傷害以外，請任列其他 2 種應通報的行為。
參考解答：
1. 性侵害
2. 人口販運
3. 妨害自由
4. 殺人

（二）請問自知悉後最遲幾小時內要通報？

● 二十四小時內向主管機關、入出國管理機關、警察機關或其他司法機關通報

> 參考條文摘錄:
> 十九、知悉受聘僱外國人疑似遭受雇主、被看護者或其他共
> 同生活之家屬、雇主之代表人、負責人或代表雇主處理有關
> 勞工事務之人為性侵害、人口販運、妨害自由、重傷害或殺
> 人行為,而未於二十四小時內向主管機關、入出國管理機
> 關、警察機關或其他司法機關通報。

(三)若未於規定時間內,通報任何一個規定的機關,依就
業服務法第 67 條第 1 項規定,會被地方政府處最高新臺幣多
少金額罰鍰?

● 　處罰鍰 6~30 萬。

**六十九、受嚴重特殊傳染性肺炎（COVID-19）影響,甲公司
與勞工協商同意實施減班休息 3 個月,並向地方政府通報在
案,甲公司受僱勞工 A 君（48 歲）實施減班休息期間之協議
薪資為每月新臺幣（以下同）30,000 元,A 君就業保險平均
月投保薪資為 42,000 元,A 君符合政府安心計畫薪資補貼條
件,請問 A 君可申領之每月薪資補貼金額為多少元?**

參考解答:每月補貼 7000 元。
　依據勞動部安心計畫之補貼內容,勞工每月津貼金如下:
● 　減班休息勞工薪資差額補貼:依平均月投保薪資與減班
　　休息期間每月薪資之差額補貼。
● 　每月薪資差額為 7 千元以下者,每月補貼 3500 元。
● 　每月薪資差額為 7001~14000 元者,每月補貼 7000 元。
● 　每月薪資差額為 14001 以上者,每月補貼 11000 元。

（二）承上，甲公司經評估後決定先行休業，A君考量對收入的影響後決定離職，依就業保險法規定，A君符合非自願離職，因A君未曾申請失業給付，故至公立就業服務機構向就服員詢問下列失業給付申請問題：

1. 失業給付是按A君離職退保之當月起前6個月平均月投保薪資百分之60%按月發給，但有受其扶養之眷屬者，每人可加給給付10%，最多計至20%，上述受扶養之眷屬條件是指哪三類？
● 　身心障礙者
● 　未成年子女
● 　無工作收入之配偶

2. A君最長可以領幾個月的失業給付？

● 　9個月

3. 就業保險之保險給付中，針對A君及同A君辦理加保之眷屬可給付何種保費補助？

● 　健保費補助。

4. A君請領失業給付期間，為增加家庭收入，另找了一份兼職工作，第一個月工作收入為25,000元，則該月A君可請領之失業給付金額為多少元？

● 　1/2的失業給付。

附錄：實用職涯規劃 DIY

一、了解未來趨勢

◉ 人口老化趨勢(長期看護、退休金、食衣住行育樂需求都將改變)

◉ E 化 M 化科技趨勢(email、簡訊、網路交易、互聯網、APP、智慧型手錶或手機、無線網路、雲端存取、AI 人工智慧、IoT、應用程式整合平台、區塊鍊、大數據、衛星定位、機器人…)

◉ 中國崛起、金磚四國與新興國家前景佳：中國、印度、巴西、俄國、泰國、越南與馬來西亞等國家經濟前景佳或消費需求大。

◉ 國際化趨勢、國家間連動衝擊大：各國間無論生產、金融、行銷、進出口貿易相互連動衝擊大。

◉ 健康照護趨勢：人口老化趨勢下、健康照護醫療生技相關產業必成主軸。舉例而言，預防醫學、復健健身、健康照護商品及熟齡樂齡消費商品之消費佔率已將更加攀升。

◉ 專業技能與證照趨勢：專業化趨勢下，多元證照與專業技能趨勢與要求早已來臨。您可以參加證照考試，也可以培養提升專業技能，端視您的興趣或工作選擇而定。

◉ 整合專業技術能力更受青睞：傳統科系專業所學領域，必須與時俱進。例如：記帳會計需身兼出納、資訊與稽核專業。美編設計需身兼軟體技能或建築裝潢設計或商品設計能力及業務能力。法律事務需身兼產業產品專業知識與資訊科技或風險管理技能。資訊科技所學軟體可能於畢業後就已不符市場所需或軟體版本過時，需要進一步提升並整合流程控管及專案管理等更多元專業技能。

- ◉ 法規監管內控多管齊下:法令遵循與內控是各國企業必須持續投入的資源。
- ◉ 資訊管理、E化、研發與風險管理更形重要:E化趨勢與效率化下,資訊管理、資訊科技、研發與風險管理常成為企業經營的關鍵成功要素。
- ◉ 全球暖化與氣溫攀升、生態環境改變:節能與降溫、醫療生技與環保議題,是民眾生活與企業經營皆需面對與處理的課題。
- ◉ 新型態工作模式與新型態商品伴隨而生:人力派遣工作模式、在家工作模式、國際會議等工作型態增加。另外,新型態商品也隨著消費者需求不斷推陳出新。

二、人口老化的衝擊

- ◉ 經濟面衝擊:將影響經濟成長、儲蓄、負債、投資、消費、勞動市場、退休金、租稅。人口老化可能造成勞動力縮減、創新能力降低,整體經濟產能及稅收下降。此外,老年人依賴過去儲蓄度日,將抑制資本累積,不利長期經濟成長。
- ◉ 社會面及醫療面衝擊:人口老化將影響家庭組成、生活安排、住屋需求、移民趨勢、流行病學、醫療保健與照護需求。另外,年長者因身體狀況相對較差,將增加社會醫療成本、健保支出與長期看護支出。

三、KASH(**K**nowledge,**A**ttitude,**S**kill, **H**abit)

- ◉ **Knowledge 具備專業知識**:找出屬於你獨一無二的專業領域,並考取證照或培養相關技術技能並應活學活用專業。

- **Attitude 擁有正面態度**：保持熱情、持續進修學習、維持認真負責與服務的態度。正面的態度是您向前邁向成功的重要捷徑。
- **Skill 擁有良好的技能**：熟悉與活用技能；例如：電腦、語言、溝通、輕重緩急判斷、讚美、領導。
- **Habit 擁有良好的習慣**：好習慣造就您的成功與否。例如：事情準備的好習慣、保持運動或早起的好習慣、文件檔案歸檔良好的好習慣。

四、職場應該具備的能力

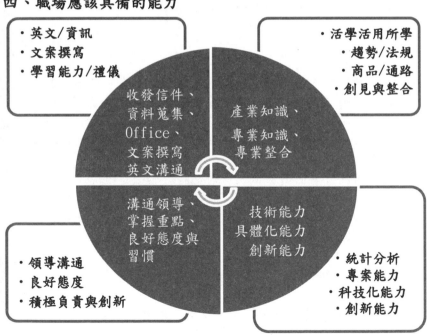

- 英文/資訊
- 文案撰寫
- 學習能力/禮儀

- 活學活用所學
- 趨勢/法規
- 商品/通路
- 創見與整合

收發信件、資料蒐集、Office、文案撰寫英文溝通

產業知識、專業知識、專業整合

溝通領導、掌握重點、良好態度與習慣

技術能力具體化能力創新能力

- 領導溝通
- 良好態度
- 積極負責與創新

- 統計分析
- 專案能力
- 科技化能力
- 創新能力

五、職涯升學發展要點

1. 探索自己、了解自己與定位自我、了解SWOT。
2. 增進學習能力，並發展專業或技能以及增進人際溝通等生活技能。
3. 了解產業概況與職務需求(薪資、職務、所需專業、證照、經歷、技巧、技能...等)。
4. 著手發展自己的求職升學規劃，包含就業、家庭、休閒、住所、學習、投資理財、時間管理、證照考試或訓練....
   - 就業、家庭、休閒、住所、學習、投資理財、時間管理等各項目標不能相互衝突，須能連成一氣，相互扶持。
   - 不要盲目跟從同學同事朋友，一窩蜂就讀特定科系或從事特定行業。因為該項工作職缺可能有限，可能已經飽和，或是該項工作或專業並非您的優勢。
5. 著手發展自己的就業規劃
   - 證照
   - 經歷
   - 準備修訂履歷自傳
   - 加強求職技巧
   - 選擇專業領域與預計求職職缺
6. 您需要了解產業與相關職缺，不要只挑選產業；而是挑選可能的職務領域。因為不同部門或職務，所需要的專業、個性、才能各有不同。例如：資訊人才、研發人才、管理人才、審核人才、總務人事人才、財務人才、投資人才、業務人才、訓練人才、活動獎勵人才、企劃人才、特助人才、秘書人才、客戶服務人才、職業災害預防與員工福利人才等等職缺，所需要的人才各有不同，一個公司需要的人才頗多，究竟您適合哪一類的職務呢？

六、專業或才能類別與適合的職業

◇ 擅長文筆能力：記者、作家、評論人
◇ 擅長幽默風趣與表達能力：演說、補習班老師、名嘴
◇ 擅長處理事務性能力：記帳士、代書、會計、總務
◇ 擅長人際溝通能力：房屋仲介、保險業務員、直銷
◇ 擅長烹飪烘焙或餐飲能力：廚師、知名烘焙師、店長
◇ 擅長體能與運動技能：體育選手、教練、國手、健康教練、軍警人員
◇ 擅長藝術創作能力：繪畫、舞蹈、音樂
◇ 擅長醫療專業能力：醫師、醫科教師、藥劑師、醫護人員
◇ 擅長法律專業能力：律師、法務
◇ 擅長會計審計或投資專業能力：會計師、審計師、財會投資部門、財務長、投資長、基金經理人、金融業務員
◇ 擅長建築工程或規劃設計：建築師、營造工程主管、設計師
◇ 擅長電子電機資訊：工程師、維修人員、生產作業專家、技術人員、工程師
◇ 擅長工藝技能：師傅、技師(造型、工藝品、琉璃、木工、磚造或石雕藝術)
◇ 擅長設計能力：設計師、美編設計人員、動畫媒體設計人員、展場設計人才
◇ 擅長自我表達：演員、作家、畫家、藝術家、演說家
◇ 擅長照顧/協助：善心人士、輔導人員、醫護人員
◇ 擅長發明事務：設計家、發明家、維修人員
◇ 擅長應用科學：工程師、科學家、研發人員
◇ 影響力/說服力：銷售人員、政治人物

參考文獻

1. 中華民國統計資訊網，網站資訊，https：//www.stat.gov.tw
2. 台灣就業通網站，公開資訊、職業分類資訊及職涯測驗
3. 全國法規資料庫與勞動部勞動法令資料庫
4. 行政院主計總處，網站資訊，https：//www.dgbas.gov.tw
5. 行政院主計總處，人力資源運用統計年報
6. 行政院主計總處，歷年行業別薪資調查數據及景氣訊號
7. 勞動力發展署，網站公開資訊
8. 勞動部與勞保局，勞基法、勞工退休金、勞保、就業保險與職業災害法令與宣導資料
9. 勞動部，勞動統計及職業災害費率與職業分類資料
10. 勞動部勞動力發展署技能檢定中心，技能檢定-測試參考資料及歷屆技術士檢定試題
11. 勞動部勞動力發展署技能檢定中心，歷年報考人數與及格人數統計數據
12. 縣市政府勞動局或勞動單位，網站宣導資料
13. 金樹人，生涯諮商與輔導，東華書局，87年7月
14. 金樹人、張德聰與黃素菲等，當代諮商理論，空中大學出版，107年
15. 管秋雄，人際關係與溝通，華立圖書，94年5月
16. 張厚粲、龔耀先，心理測量學，東華書局，88年3月
17. 陳皎眉，人際關係與人際溝通，雙葉書廊，93年
18. 教育部網站資訊，心理輔導相關網站資訊
19. 國家教育研究院愛學網網站資訊，http：//stv.moe.edu.tw
20. 傅肅良，人事管理，三民書局，79年9月
21. 賀冠群、廖勇誠、小林鈺，職涯升學規劃與心靈對談，鑫富樂文教，107年9月
22. 賀冠群、廖勇誠，勞工社會保險、年金保險與車禍賠償要點與實務，鑫富樂文教，108年1月

23. 廖勇誠，健康保險、勞保與職災實務，鑫富樂文教，105年1月
24. 陳義孝，佛光小辭典，方廣文化，88年
25. 駱志豪、林吉輝、陳幼麟，現代法律百科(2)，凱信企管公司，87年4月
26. Darley, Glucksberg, Kinchla 原著，楊語芸譯，心理學，桂冠圖書公司，87年9月
27. Gerald Corey 原著，李茂興譯，諮商與心理治療的理論與實務，揚智文化，83年

國家圖書館出版品預行編目(CIP)資料

就業服務、勞工社保與職涯輔導要點，賀冠群著
初版. － 臺中市：鑫富樂文教，2019.05；2023.03 再版

ISNB 978-986-98852-8-7

1.就業　2.勞動法規　3.勞工保險

542.77　　　　　　　　　108006086

就業服務、勞工社保與職涯輔導要點(第二版)

作者：賀冠群

編輯：鑫富樂文教事業有限公司編輯部

美術設計：田小蓉、林大田

發行人：林淑鈺

出版發行：鑫富樂文教事業有限公司

地址：402台中市南區南陽街77號1樓

電話：(04)2260-9293　傳真：(04)2260-7762

總經銷：紅螞蟻圖書有限公司

地址：114台北市內湖區舊宗路二段121巷19號

電話：(02)2795-3656　傳真：(02)2795-4100

2023年3月1日 再版

定 價◎新台幣435元

ISNB 978-986-98852-8-7